내 몸을 사랑하게 되는 날

몸과 마음을 돌보는 8주 폭식증 클리닉

내 몸을
사랑하게
되는 날 ......박지현·김준기 지음

수오서재

차례

2단계 마음고픔으로 인한 폭식 다루기

2단계를 시작하기 전에

당신이 당신 자신을 다시 사랑하길 바랍니다.

들어가며

치료자 왜 이제야 치료를 받으러 오셨나요? 폭식은 이미 오래전에 시작되었는데요.

내담자 그동안 폭식을 고치려고 혼자 이것저것 다 해봤어요. 책도 읽어보고, 다이어트 클리닉도 가보고, 식욕억제제도 먹어보고, 한약도 먹어보고요. 그런데 다 실패했어요. 병원에는 정말 오고 싶지 않았는데 폭식이 점점 심해지더니 이제는 걷잡을 수가 없어요. 혼자 힘으로는 도저히 어떻게 할 수가 없겠더라고요. 전 이미 너무 지쳤어요. 제 폭식증을 정말 고칠 수 있을까요?

식이장애를 겪는 대부분의 사람이 처음 증상이 발생하고 한참이 지난 후에야 병원 문을 두드립니다. 수년간 혼자서 잘못된 방법으로 애쓰다가 거의 자포자기한 상태로 병원을 찾아오니, 치료자로서 안타까울 때가 많습니다. 만약 초기에 치료했다면 금세 좋아질 수 있었을 텐데 말입니다.

아마 아직 많은 사람이 정신과를 방문한다는 것을 곱지 않은 시선으로 바라본다는 점과 '식이장애'라는 병이 대중적으로 잘 알려지지 않았다는 점때문에 병원에 찾아가기를 어려워하는 것 같습니다.

그래서 항상 고민했습니다. 어떻게 하면 치료의 문턱을 낮출 수 있을까? 어떻게 하면 보다 많은 사람이 초기 증상이 나타났을 때 제대로 된 도움을 받을 수 있을까? 그러던 중 잘 짜인 치료 프로그램만으로도 도움을 받을 수 있다는 것을 직접 경험하게 되었습니다. 우연히 진행한 집단 상담 프로그램과 폭식증 온라인 상담에서 약물 치료 없이도 많은 식이장애 환자가 호전되는 것을 목격했습니다. 더 확신이 들었습니다. 사회적 편견 또는 수치심 때문에 병원에 차마 오지 못하는 사람이 제대로 된 치료 방법만 안다면 훨씬 좋아질 수 있다는 것을요. 이 책은 바로 그러한 필요와 배경에서 만들어졌습니다. 즉 폭식증으로 고통받고 있지만 병원에 오기 힘든 사람이 집에서 스스로를 치료할 수 있는 폭식증 자가 치료 프로그램(워크북)입니다. 이 프로그램은 총 두 가지 단계로 이루어진 8주 과정으로 실제 내담자에게 적용하여 그 효과를 입증받은 바 있습니다.

폭식은 세 끼를 잘 챙겨 먹지 않아서 나오는 '배고픔으로 인한 폭식'과 내 기분에 따라 좌지우지되는 '감정으로 인한 폭식' 그리고 스트레스로 생기는 '스트레스성 폭식', 이렇게 세 경우로 구분할 수 있습니다. 폭식증을 치유하기 위해서 이 세 종류의 폭식을 스스로 구분할 줄 알고, 내가 현재 어떤 상태인지 파악할 수 있어야 합니다. 이를 명확하게 구분하려면 먼저 '배고픔으로 인한 폭식'의 패턴부터 바로잡는 것이 중요합니다. 그래서 첫 4주 동안은 '배고픔으로 인한 폭식'을 막을 수 있는 방법을 다룹니다. 그런

다음 두 번째 단계에서 '감정으로 인한 폭식'을 다룹니다. 이 책에서는 감정의 문제로 인한 폭식을 '마음고픔으로 인한 폭식'이라고 명명하겠습니다. '스트레스성 폭식'은 식사 행동 문제로 인한 스트레스 그리고 여러 스트레스 자극 요인으로 인해 생기는 부정적인 생각과 감정을 동시에 다뤄야 하기 때문에 '배고픔으로 인한 폭식'과 '마음고픔으로 인한 폭식'에서 같이 다루도록 하겠습니다.

8주 동안 책의 안내대로 따라온나면 막연하게 의지가 약해서, 식욕을 참지 못해서 폭식증에 시달렸다는 생각에서 벗어나 자신에 대한 자신감과 음식을 먹고 즐기는 평범한 일상을 되찾게 될 것입니다. 폭식에 가려져 미처 알지 못했던 나의 내면세계를 들여다보며 자신과 깊이 있게 만나는 시간이 될 것입니다. 그럼 본격적인 내용에 들어가기에 앞서 현재 나의 식이 태도는 어떤 상태인지 점검해보도록 하겠습니다.

섭식장애 자가진단 K-EAT (한국판 식사태도 검사)

다음 문항들은 나의 식이태도를 알아보기 위한 것입니다. 각 항목들을 주의 깊게 읽어보고 나의 상태를 가장 잘 나타낸다고 생각하는 문항을 하나 골라 해당란에 표시하세요. 응답 방식은 아래와 같습니다.

5	4	3	2	1	0
항상 그렇다	매우 자주 그렇다	자주 그렇다	가끔 그렇다	거의 드물다	전혀 아니다

문 항	5	4	3	2	1	0
1. 살이 찌는 것이 두렵다.						
2. 배가 고파도 식사를 하지 않는다.						
3. 나는 음식에 집착하고 있다.						
4. 억제할 수 없이 폭식을 한 적이 있다.						
5. 음식을 작은 조각으로 나누어 먹는다.						
6. 자신이 먹는 음식의 영양분과 칼로리를 알고 있다.						
7. 빵이나 감자처럼 탄수화물이 많은 음식은 특히 피한다.						
8. 내가 음식을 많이 먹으면 다른 사람들이 좋아하는 것 같다.						
9. 먹고 난 다음 토한다.						
10. 먹고 난 다음 심한 죄책감을 느낀다.						
11. 자신이 좀 더 날씬해져야겠다는 생각을 떨쳐버릴 수 없다.						
12. 운동할 때 운동으로 인해 없어질 칼로리를 계산하거나 생각한다.						

문 항	5	4	3	2	1	0
13. 남들은 내가 너무 말랐다고 생각한다.						
14. 내가 살이 쪘다는 생각을 떨쳐버릴 수 없다.						
15. 식사 시간이 다른 사람보다 더 길다.						
16. 설탕이 든 음식은 피한다.						
17. 체중 조절을 위해 다이어트용 음식을 먹는다.						
18. 음식이 나의 인생을 지배한다는 생각이 든다.						
19. 음식에 대한 자신의 조절 능력을 과시한다.						
20. 다른 사람들이 나에게 음식을 먹도록 강요하는 것같이 느껴진다.						
21. 음식에 많은 시간과 정력을 투자한다.						
22. 단 음식을 먹고 나면 마음이 편치 않다.						
23. 체중을 줄이기 위해 운동이나 다른 행위를 하고 있다.						
24. 위가 비어 있는 느낌이 든다.						
25. 기름진 음식을 즐긴다.						
26. 식사 후에 토하고 싶은 충동을 느낀다.						

채점 방식

항상 그렇다 = 3점

매우 자주 그렇다 = 2점

자주 그렇다 = 1점

가끔 그렇다 = 0점

거의 드물다 = 0점

전혀 아니다 = 0점

(단, 25번 문항은 역채점한다. 전혀 아니다＝3점, 거의 드물다＝2점, 가끔 그렇다＝1점, 자주 그렇다·매우 자주 그렇다·항상 그렇다＝0점)

채점 결과

남자 15점 이하, 여자 18점 이하 : **섭식장애 없음**

남자 15~18점, 여자 18~21점 : **섭식장애 경향 있음**

남자 19~22점, 여자 22~26점 : **중간 정도의 섭식장애 있음**

남자 23점 이상, 여자 27점 이상 : **심각한 섭식장애 있음**

Q&A

1. 왜 남자와 여자의 채점 기준이 다른가요?

K-EAT 검사의 변별 타당도와 진단 효율성을 알아보기 위한 연구에서 성별에 따라 점수가 유의미한 차이를 보인다는 것을 밝혀냈습니다. 예를 들어 여자에게는 음식집착과 다이어트를 나타내는 문항이 남자에게는 단 음식 회피로 나타납니다. 이와 같은 이유로 성별을 고려하지 않고 채점하는

것은 검사의 신뢰도를 떨어뜨리기 때문에 채점 기준을 다르게 합니다.

2. 여성이 남성보다 폭식증을 더 많이 앓는 이유는 무엇인가요?

폭식증은 남성보다 여성에게 더 많이 나타납니다. 그 이유는 사회적으로 남성보다 여성이 날씬해야 한다는 압박감을 더 받고 외모로 평가받는 일이 많기 때문입니다. 매스컴에서 여성의 마른 이미지를 강조하여 젊은 여성들이 극단적인 다이어트를 선택하게 되고 그로 인해 폭식증이 생기는 경우가 늘고 있습니다.

3. 워크북은 어떤 사람에게 효과가 있나요?

이 워크북은 폭식증 치료의 핵심적인 처방을 스스로 할 수 있도록 만든 자가 치료 워크북이기 때문에 섭식장애 경향이 있는 사람부터 심각한 섭식장애가 있는 사람에 이르기까지 폭식증을 앓고 있는 모든 사람에게 도움이 됩니다. 다만 폭식증 증상이 나타난 지 오래되었고, 반복적으로 폭식해 온 기간이 오래되어 혼자 힘으로 조절이 힘든 사람은 전문 치료 기관의 도움을 받아야 합니다.

워크북 사용 방법

이 책은 하루에 한 챕터씩 8주 동안 폭식증을 치료하는 자가 치료 워크북입니다. 하루에 한 챕터씩 진행하면 좋겠지만 무조건 8주 안에 끝내야 하는 것은 아닙니다. 만약 이번 주 처방이 아직 스스로 해내기에 부담스럽고 무리가 있다고 느껴진다면 할 수 있을 때까지 잠시 쉬어도 괜찮습니다.

배 고 픔 으 로

인 한

폭 식 다 루 기

폭식을 막는
유일한 해법,
4가지
식사원칙

아름다움은 내부의 생명으로부터
나오는 빛이다.

＿ 헬렌 켈러

"식욕조절이 안 되니 살 빠질 기미가 안 보여요. 하루 종일 안 먹으려고 노력하다가 저녁에 일단 조금이라도 먹게 되면 미친 듯이 폭식을 해요. 먹고 나면 '왜 또 못 참았을까' 하는 자책감에 시달리고, 살찔까 봐 겁이 나서 토하게 되고요. 저 어떻게 해야 하나요? 고칠 수 있긴 할까요?"

폭식을 호소하는 대부분의 사람이 의지가 약해 식욕을 조절하지 못한다고 생각합니다. 그러나 식욕은 우리의 중요한 본능입니다. 억지로 누른다고 눌러질 수 있는 것이 아닙니다. 도리어 누르면 누를수록 용수철처럼 튀어 올라옵니다. 그것이 본능의 속성이지요. 그러므로 폭식증은 단순히 의지 부족의 문제가 아닙니다. 보통은 극심한 다이어트로 인해 증상이 시작됩니다. 그러나 그 이면에는 복잡한 심리 문제가 숨어 있는 경우가 많습니다. 내 의지로 할 수 없다면 어떻게 폭식과 구토를 막을 수 있을까요?

치료는 단순합니다. 규칙적인 식사로 불안정해진 식사감각을 안정시키고, 폭식증을 유발시킨 '나의 진짜 문제'를 들여다보는 것입니다. 1주 차에서는 배고픔으로 인한 폭식을 막을 수 있는 절대적으로 중요한 식사원칙을 다룹니다. 이 식사원칙만 잘 지키면 음식에 압도되지 않고, 오히려 내가 주체가 되어 먹는 즐거움을 다시 회복하게 될 것입니다.

깊고 깊은
다이어트의 수렁

치료자   언제 처음 다이어트를 시작했나요? 지금까지 다이어트를 어떻게 했는지 그 방법도 자세히 말씀해주세요.

내담자   다이어트에 대한 생각은 늘 있었지만 실행에 옮기지는 못했어요. 고3이었거든요. 수능이 끝나고부터 본격적으로 시작했죠. 처음에는 한 끼 식사량을 좀 줄이고 하루에 운동을 2~3시간씩 했어요. 그랬더니 체중이 금방 내려가더라고요. 내친김에 저녁까지 굶기 시작했죠. 6시 이후로는 절대 아무것도 먹지 않았어요. 살찔 것 같은 빵이나 단것들은 아예 입에도 대지 않았죠. 그러다 보니 나중에는 하루에 한 끼도 제대로 먹지 않는 날이 많아졌어요. 그리고 늘 강박적으로 몸을 움직였어요. 아침 일찍 일어나서 첫 끼 먹고는 공부도 열심히, 운동도 열심히… 모든 걸 다이어트에 초점을 맞춰서 생활했어요. 그렇게 낮아진 체중을 유지하고 있었는데 어느 날 오랜만에 빵을 한 번 먹었더니 그 자리에서 집에 있는 모든 음식을 다 꺼내 먹더라고요. 그때부터 폭식과 구토가 시작됐어요. 이제는 멈춰지지가 않아요. 제가 예전에 어떻게 정상적으로 먹었는지 기억도 잘 안 나요.

1950년 미국의 미네소타 대학에서 '사람이 일정 기간 동안 음식을 의도적으로 적게 먹으면 어떤 현상이 일어나는지'를 알아보고자 건강한 성인 남성 36명을 대상으로 기아 연구Study of Starvation State를 실시했습니다. 처음 3개월간은 평소처럼 자유롭게 먹도록 했고, 다음 6개월간은 무조건 반으로 줄여 식사하도록 했으며, 마지막 3개월간은 다시 평소처럼 먹도록 했습니다. 실험 결과 피실험자 대부분이 음식에 집착하는 경향을 보였습니다. 일상에서도 주로 음식에 대한 대화를 나누었고, 평상시와 다르게 음식을 짜고 맵고 달게 먹는 증상을 보였습니다. 다시 평소처럼 음식을 먹게 된 이후에도 식욕에 대한 조절력을 상실하고 폭식을 자주 했습니다. 정서적으로는 불안, 우울, 초조함 등의 감정을 자주 느끼고 감정 기복이 심해졌으며 사회적, 성적으로도 위축되었습니다. 매사에 소극적인 사람이 되었고, 이성에 대한 관심이 현저하게 떨어졌습니다. 신체적으로 소화장애, 복부팽만감, 수면장애, 부종, 탈모, 어지럼증, 피곤함, 무기력감을 호소했으며, 기초대사량은 40% 정도까지 감소했습니다. 다시 정상적으로 잘 먹기까지 약 8개월의 시간이 걸렸고, 그 후에야 신체적, 정서적, 사회적, 성적 영역이 원래대로 돌아올 수 있었습니다.

실험 결과가 어딘지 조금 익숙하지 않은가요? 실험 참가자들이 보인 후유증은 우리가 일반적으로 겪는 잘못된 다이어트의 후유증과 매우 흡사합니다. 하루 종일 식욕을 참다가 밤에 걷잡을 수 없이 폭식을 했던 일, 단 음식이나 기름진 음식을 절대 안 먹다가 폭식할 때 몰아 먹던 일, 하루 종일 먹는 생각만 하던 일, 철저히 칼로리를 계산하며 1,500kcal 이하로 먹으려고 노력하다 폭식으로 산산이 무너졌던 일 등. 당신에게 일어났던 익숙한 상황일지도 모릅니다.

다이어트는 기본적으로 '식욕을 억제'하는 것입니다. 식욕을 참아 최대한 적게 먹는 것이지요. 그러나 식욕이란 앞서 말했듯 본능이기 때문에 억지로 참아 없앨 수 없습니다. 의지가 약해서, 참을성이 없어서 폭식이 나온 것이 아닙니다. 극단적인 식욕 억제로 지극히 당연하게 발생한 것입니다.

폭식은 식사 조절력의 상실을 말합니다. 지나치게 식욕을 억제하다가 오히려 식욕에 대한 조절력을 상실하는 것이지요. 그러므로 폭식증 치료의 원칙은 바로 '식욕을 허용'하는 것입니다. 의아하지요? 물론 많이 허용하면 지나치게 체중이 증가할 테니 적당한 허용이 필요합니다. 오랜 다이어트로 식욕을 억제하기만 해온 사람에게 식욕을 허용하는 것은 그 자체로 매우 힘든 일입니다. 그러나 이 과정을 통과해야만 폭식증에서 벗어날 수 있습니다.

다시 한 번 강조하지만, 폭식증의 치료는 지나친 억제로 엉망이 된 신체 리듬과 식욕의 신호를 회복하는 것입니다. 그렇게 하려면 반드시 식욕을 적당하게 허용하는 법을 익혀야 합니다. 인생을 언제까지나 억제하고 살

수는 없는 노릇입니다. 한번 허용하면 끝없이 허용하게 될 것이라는 지나친 두려움을 버리세요. 허용을 조절하는 감각을 얼마든지 되찾을 수 있습니다.

함께해볼까요?

현재 나의 상태를 파악해보세요

다음 페이지에 나오는 그림은 전형적인 폭식증의 패턴을 정리한 것입니다. 그림을 보면서 나의 현 위치를 파악해봅니다. 내가 왜 계속 다이어트의 수렁에서 빠져나올 수 없었는지, 나의 잘못된 다이어트 방식이 어떤 결과를 가져왔는지를 생각해봅니다.

다이어트는 빠져나올 수 없는 덫입니다. 낮은 자존감은 체중과 체형에 대한 집착을 불러일으키고 극단적인 다이어트로 이끕니다. 극단적인 다이어트를 할 때 생리적으로 억압됐던 식욕이 용수철처럼 폭발하여 나오게 되는데 그것이 바로 폭식입니다. 폭식을 한 뒤에는 두 갈래로 나누어집니다. 하나는 살찔 것이 두려워 구토를 하거나 하제(설사약), 이뇨제(소변약) 같은 약물을 먹으며 제거행동을 하는 것이고, 다른 하나는 다시 살을 빼야겠다는 다짐을 하며 극단적인 다이어트를 재시도하는 것입니다.

제거행동은 보통 숨어서 하기 때문에 자괴감을 갖게 하고 이는 다시 자존감을 낮추게 됩니다. 극단적인 다이어트를 선택하는 것 역시 마찬가지입니다. 강박적인 사고가 강화되어 겉모습인 체중과 체형에 집착하게 되고 이는 자기 자신을 낮게 평가하는 자존감 결핍으로 연결됩니다. 지독하고도 자기 파괴적인 악순환이 거듭되는 것이지요.

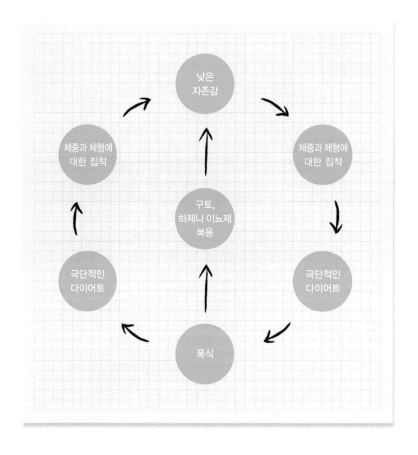

자기관찰일지
작성하기

치료자 주로 어떨 때 폭식과 구토를 하나요?

내담자 글쎄요. 그냥 주로 퇴근하고 밤에 하는 것 같아요. 근데 그게 또 매번 같은 건 아니에요. 낮에 할 때도 있어서 제가 어떨 때 폭식하는지 잘 모르겠어요.

치료자 식사는 어떻게 먹나요? 아침, 점심, 저녁 식사를 주로 어떻게 먹는지 말해주세요.

내담자 그냥 되는 대로 먹어요. 아침은 원래 잘 안 먹고 점심에는 밥을 먹을 때도 있고 아닐 때도 있고, 저녁은 약속이 있을 때는 외식을 하고 아닐 때는 그냥 집에서 간단하게 먹어요.

치료자 저녁이 아닌 낮에는 주로 어떨 때 폭식과 구토를 하게 되나요?

내담자 아… 저도 잘 모르겠어요. 사람들하고 같이 밥을 먹으면 그냥 그걸로 끝인데, 폭식을 할 때는 지갑을 들고 근처 편의점이나 빵집을 돌아다니면서 굉장히 빠른 시간 안에 많은 음식을 사 와요. 그리고 그걸 전부 먹고 토하죠. 근데 제가 어떨 때 그러는지는 잘 모르겠어요.

앞의 사례는 주로 첫 상담에서 나누는 대화입니다. 대부분 어떤 상황에서 폭식을 하는지 인지하지 못하고 있지요. 폭식증을 고치려면 먼저 내가 주로 어느 시간대, 어떤 경우에 폭식을 하는지 알아야 합니다. 또 그 이후에 일어나는 구토의 원인과 과정을 상세하게 인지하고 있어야 하지요. 그러나 폭식과 구토를 반복하다 보면 내가 평상시에 언제 어떻게 먹고 있는지도 모른 채 그냥 상황에 끌려다니기 쉽습니다.

폭식에 압도되지 않으려면 자신의 평상시 식사를 관찰해야 합니다. 주로 내가 어떤 상태일 때 폭식하는지를 알아내야 하기 때문이죠. 그러므로 잊어버리지 않기 위해 내가 먹은 음식과 먹을 때의 감정, 생각, 행동을 써놓습니다. 이렇게 계속 적다 보면 나의 폭식 패턴을 스스로 분석할 수 있는 힘이 생깁니다. 식사를 못 챙겨 먹어서 나오는 '배고픔으로 인한 폭식'인지 아니면 감정과 생각에 지배받은 '마음고픔(감정)으로 인한 폭식'인지 또는 스트레스로 인한 '스트레스성 폭식'인지 알 수 있게 되는 것입니다. 나를 관찰하고 분석하는 힘이 커질수록 폭식에 압도되어 끌려다니지 않습니다. 앞으로 두 달 동안 우리는 '자기관찰일지self-monitoring'를 작성할 것입니다. 이 일지는 단순한 식사일지가 아닌 나를 관찰한다는 점에서 '자기관찰일지'라고 부릅니다. 일지는 워크북을 전부 마칠 때까지 작성합니다. 우리가 함께하는 두 달간의 여행 동안 '자기관찰일지'는 스스로를 치료하는 데 가장 중요한 치료도구로 사용될 것입니다.

 함께해볼까요?

자기관찰일지를 적어보세요

다음의 양식과 작성 방법을 참고하여 '자기관찰일지'를 매일 작성합니다. 매일 일지를 쓰라니…. 어렵고 귀찮게만 느껴지나요? 간략하게 메모하듯이 쓰셔도 됩니다. 다만 꾸준히 자신을 관찰하는 것이 중요한 포인트입니다. 자, 오늘부터 1일입니다.

자기관찰일지

시간	섭취한 음식물	섭취한 장소	폭식	구토	하제 이뇨제 복용	상황·감정·사고
저녁 9시	빵 6개, 라면 1개 밥 2공기	내 방, 혼자서	○	○		폭식을 하면 안 된다는 것을 알면서도 집에 들어가는 길에 간식을 샀다. 그냥 우울하고 내가 너무 싫다고 생각하면서 아무 생각 없이 먹었다.

〈식이장애 클리닉 '마음과 마음' 홈페이지에서 다운로드 받을 수 있습니다.〉

자기관찰일지 작성법

- 첫 번째 칸은 내가 무엇인가를 먹거나 마신 시간을 기록합니다.
- 두 번째 칸은 먹은 음식과 마신 음료의 종류를 기록합니다. 이때 칼로리는 기록하지 않습니다. 무엇을 먹고 마셨는지 대략적인 양만 기록하면 됩니다. 몇 칼로리를 섭취했느냐보다 당신이 먹은 모든 음식을 기록하는 것이 핵심입니다.
- 음식이나 음료의 종류는 먹은 즉시 기록합니다. 무엇을 먹고 마셨는지 몇 시간 후에 기억해내는 것은 별로 효과가 없습니다. 그 이유는 나의 행동을 교정하는 데 도움이 되지 않기 때문입니다. 즉시 기록하기 위해 자기관찰일지를 항상 휴대하세요.
- 세 번째 칸은 음식을 먹거나 마신 장소를 구체적으로 기록합니다. 당신의 집이라면 어느 방인지 구체적으로 기록하고, 누구와 먹었는지도 기록하면 좋습니다.
- 네 번째 칸은 스스로 느끼기에 음식이나 음료를 과도하게 먹었다고 생각하면 표시합니다. 다른 사람의 생각이 아니라, 자신의 판단대로 표시하면 됩니다.
- 다섯 번째 칸은 구토를 했는지의 여부를 기록합니다.
- 여섯 번째 칸은 하제나 이뇨제를 먹었는지 여부를 기록합니다.
- 마지막 칸은 식사에 영향을 주었던 사건이나 감정을 일기처럼 기록합니다. 예를 들어 누군가와의 다툼 후에 폭식을 했는지 등을 기록합니다. 매번 무엇인가를 먹을 때마다 상황에 대한 간단한 의견, 먹은 음식

에 대한 자신의 생각과 감정을 기록하도록 노력합니다. 식사에 꼭 영향을 주지는 않았더라도 중요한 사건이나 상황을 이 칸에 기록할 수도 있습니다. 이 기록은 치료과정에서 다양한 방법으로 이용됩니다.

자기관찰일지는 나의 폭식 패턴을 찾는 데 도움을 줄 것입니다. 매일 일지를 쓰는 것이 귀찮고 어려울 수 있지만 보기보다 영향력이 매우 크다는 것을 꼭 기억하세요.

식사원칙 첫 번째_
기계적으로 먹기

치료자 하루에 식사를 어떻게 하세요? 아침, 점심, 저녁 식사를 보통 어떻게 하는지 말해주세요.

내담자 그냥 제가 먹고 싶을 때 먹어요. 전날 폭식을 하면 다음 날 한 끼만 먹을 때도 있고, 그냥 이것저것 조금씩 주워 먹을 때도 있고…. 딱 뭐라고 말을 못 하겠어요. 식사 때가 되어도 딱히 배고픈 느낌이 없어서 그냥 '먹어야겠다' 싶을 때 먹어요. 폭식할 때도 그 순간에는 아무리 먹어도 배부른 느낌이 없어요. 그냥 한바탕의 폭식이 지나가고 나서야 배가 터질 것 같은 느낌이 드는 거죠.

치료자 그럼 하루 세 끼 식사가 굉장히 불규칙한 거네요. 끼니가 불규칙하면 배고픔이나 배부름이 잘 안 느껴지실 거예요.

내담자   아, 그게 식사를 규칙적으로 하는 것과 상관이 있나요?

     내담자에게 세 끼 식사를 어떻게 먹는지 질문하면 대부분 규칙적이지 않은 식습관을 이야기합니다. 세 끼를 다 먹으면 살이 찔 것 같다는 두려움 때문에 가능한 적은 횟수의 식사를 하려고 하다 보니 당연히 식사 패턴 자체가 불규칙해지지요.

  우리 몸에는 배고픔과 배부름을 조절하는 식이중추가 있습니다. 하루 동안 때에 맞추어 식사를 할 수 있도록 배고픔의 신호를 보내주고, 적당히 배가 불렀을 때는 배부름을 느끼게 해주어 식사를 마칠 수 있도록 도와주지요. 이 식이중추는 우리가 규칙적으로 정해진 시간에 세 번의 식사를 할 때 안정된 신호체계를 유지합니다. 그러나 어떤 때는 적게 먹다가 어떤 때는 안 먹다가 또 어떤 때는 왕창 먹고 토하면 식이중추의 신호체계가 불안정해집니다.

  문제는 식이중추가 단순히 배고픔과 배부름만 조절하는 것이 아니라 우리의 감정과 체온, 수면, 성욕도 같이 조절한다는 사실입니다. 식사만 불규칙해지는 것이 아니라 생활의 전반적인 영역이 심각하게 불균형해지는 문제가 일어나지요. 쉽게 짜증나고, 충동 조절이 안 되고, 몸무게가 1kg만 늘어도 불안이 심해지고, 모든 일에 흥미와 재미가 사라지게 됩니다. 어느 순간부터 삶 전체가 만족스럽지 않습니다.

  다이어트를 하려고 의도적으로 식사를 불규칙하게 했던 것이 뇌와 복부 감각을 망가트려 이제는 내 의지와는 무관하게 식사를 제대로 할 수가 없습니다. 굶다가 폭식하는 일이 일상이 되면서 가장 기본적인 것도 스스로 조절하지 못한다는 자괴감에 빠져들지요.

불안정해진 뇌의 식이중추를 안정시켜야 합니다. 방법은 생각보다 단순합니다. 매일 일정한 시간에 세 끼 식사와 두세 번의 간식을 먹기만 하면 됩니다. 기계적으로요. 기계적이라 함은 내 배꼽시계를 믿지 말고 말 그대로 정해진 시간에 지체 없이, 의심 없이 먹으라는 뜻입니다. 아침에 일어나서 세수를 하듯이, 밖에 나가기 전에 신발을 신듯이 아주 기계적으로 하는 것입니다. 규칙적인 식사만이 식이중추를 정상으로 되돌릴 수 있습니다.

물론 쉽지 않습니다. 세 끼 식사에 간식 세 번이라니, 듣기만 해도 살이 찔 것 같지요. 체중이 늘 것 같다는 불안감이 일시적으로 들겠지만 이러한 습관은 건강한 다이어트를 할 수 있는 든든한 버팀목이 되어줍니다. 과식과 폭식을 하지 않는 것만으로도 건강한 몸을 얻을 수 있으니까요.

 함께해볼까요?

용기 내어 세 끼 식사를 모두 챙겨 먹어요

용기를 내어 오늘부터 세 끼 식사와 두세 번의 간식을 어떻게 적용할지 생각해봅니다. 몇 시에 무얼 어떻게 먹을지 계획을 세워보세요. 간식은 내가 먹고 싶은 것을 위주로 조금씩 먹어두면 폭식을 막는 보루 역할을 해줍니다. 극단적으로 불규칙한 식사를 했던 분이라면 처음부터 기계적으로 먹기를 실행하기가 대단히 어려울 것입니다. 그럴 경우에는 일단 조금씩 변화를 시도해보세요. 하루에 한 끼만 먹었다면 두 끼로 늘려보고, 간식을 일절 먹지 않았다면 하루에 한 번 정도 소량씩 먹어보는 것부터 시작합니다. 일단 용기를 내어 시작하는 것이 중요합니다. 오늘부터 어떻게 기계적으로 먹을지 계획을 세워봅니다. 나를 가로막고 있는 것은 무엇인가요? 그에 따른 대안을 생각해봅니다.

예시

시간	아침	점심	저녁
먹기 힘든 이유 (심리적 또는 환경적 이유)	아침에 너무 늦게 일어나서 입맛이 없다.	점심은 먹을 수 있다.	저녁에 먹으면 살이 찔 것 같은 부담감이 너무 크다.
대안	밤에 너무 늦게까지 컴퓨터를 하지 말아야겠다.		아직 밥은 두렵고 대신 간식으로 샐러드와 달걀을 먹어보겠다.

작성

시간	아침	점심	저녁
먹기 힘든 이유 (심리적 또는 환경적 이유)			
대안			

너무 바빠서 끼니를 챙기기 어려운 날은 어떻게 하나요?

수업이나 일, 기타 등등의 이유로 식사 시간을 따로 내기 힘들다면 식사대용으로 먹을 수 있는 달걀, 고구마, 바나나 같은 음식을 가방에 넣어 다니세요. 어디서든 먹을 수 있도록이요. 어떻게 해서든 오랫동안 굶지 않는 것이 중요합니다.

심리적 부담감 때문에 도저히 세 끼를 다 먹는 게 힘들어요.

내가 할 수 있는 선까지 하면 됩니다. 예를 들어 아직 하루에 두 끼 정도만 가능하다면 두 끼에 간식 한 번, 이런 식으로 부담이 되지 않는 선에서 시작해 서서히 늘려가면 됩니다.

식사원칙 두 번째_
적당한 간격으로 먹기

치료자   '자기관찰일지'를 살펴보니까 이날은 아침을 8시에 먹었는데 점심은 4시에 먹었네요? 아침하고 점심 사이의 간격이 꽤 긴데 특별히 무슨 일이 있었나요?

내담자   아, 특별한 이유는 없었어요. 그냥 배가 안 고파서 건너뛰고 4시에 먹은 것 같아요. 점심을 늦게 먹어서 저녁은 그냥 안 먹어도 되겠다 싶어서 넘겼고요. 너무 늦게 저녁을 먹는 게 좀 부담이 되어서요.

치료자   그래서 이틀 뒤에 폭식이 찾아왔나 보네요.

내담자   이틀 전에 점심을 늦게 먹었던 게 폭식과 연관이 있다고요? 그다음 날은 점심을 늦게 먹었지만 일부러 굶지 않으려고 저녁에 밥은 아니어도 간식은 먹었는데….

치료자 식사와 식사 사이에 간격이 너무 길면 당일에는 폭식이 나오지 않아도 참고 있던 식욕이 어떤 식으로든 자극을 받고 결국 폭식을 하게 됩니다.

내담자 아, 그럼 배가 고프지 않아도 점심을 늦게 먹거나 하면 안 되겠네요.

보통 음식물이 소화되는 데 걸리는 시간은 4시간 정도입니다. 쉽게 말해 무언가를 먹고 4시간 뒤면 위가 비어 있는 상태가 되는 거지요. 따라서 식사의 간격은 4시간이 적당합니다. 4시간이 지났고, 배고프다는 신호도 오는데 식욕을 참는다면 공복감이 길어져서 폭식이 나올 가능성이 높아집니다. 식사를 제대로 하지 않은 당일에 폭식이 나오지 않았더라도 눌려 있던 식욕이 언제고 도사리고 있다가 시한폭탄처럼 튀어나와 폭식으로 연결됩니다.

여기서 한 가지 더 짚고 넘어가야 할 것은 다이어트를 한다는 명목 하에 일부러 식욕을 참았는지 아닌지는 중요하지 않다는 것입니다. 다이어트의 목적이 아니더라도 어떠한 이유에서건 식사와 식사 사이에 간격이 길어지면 '배고픔으로 인한 폭식'이 생길 수 있는 취약한 상태가 됩니다.

식사는 반드시 적당한 간격을 유지하는 것이 중요합니다. 더욱이 잦은 폭식과 구토를 겪었던 사람이라면 아직 배고픔에 대한 신호가 잘 작동하지 않을 수 있기 때문에 나의 신체 복부감각('꼬르륵' 하면서 배가 고픈 것 같은 느낌을 말합니다)에 따라 식사 시간을 정하는 것은 굉장히 위험할 수 있습니다.

배가 고프지 않아도 계획대로 먹어요

아래의 식사 시간 계획을 참고하여 나의 식사 시간 계획을 짜봅니다.

식사	시간 계획
아침 식사	8:00
오전 간식	10:00
점심 식사	12:30
오후 간식	3:30
저녁 식사	7:00
저녁 간식	9:00

나의 식사 시간 계획은?

식사	시간 계획
아침 식사	
오전 간식	
점심 식사	
오후 간식	
저녁 식사	
저녁 간식	

갑작스러운 스케줄이 생겨서 정해놓은 식사 시간을 지키지 못
하면 어쩌죠?

8시라고 해서 꼭 8시 정각에 먹어야 되는 것은 아닙니다. 앞뒤로 3,
40분 차이가 나도 괜찮습니다. 중요한 것은 계획해놓은 시간대의
간격을 지키는 것입니다. 그리고 규칙적으로 세 끼를 드셔야 하고
요. 시간을 꼭 지켜야 한다는 강박관념은 오히려 음식에 대한 불안
감을 더 높일 수 있으며, 즐거워야 할 식사 시간이 스트레스가 될 수
도 있습니다. 만약 갑작스러운 스케줄이 생겨 식사 시간이 변경되
면, 그 안에서 다시 식사 계획을 수정하면 됩니다.

식사원칙 세 번째_
적당한 양 먹기

치료자 어떨 때 주로 폭식을 하나요?

내담자 글쎄요. 정말 잘 모르겠어요. 저는 나름 규칙적으로 잘 먹고 있거든요.

치료자 어떻게 먹고 있는데요?

내담자 제가 원래 계획성 있게 사는 걸 좋아해서요. 식사도 웬만하면 규칙적으로 세 끼 다 정해진 시간에 챙겨 먹어요. 아침에는 두유 한 잔과 닭가슴살 한 덩이, 점심에는 베이글과 샐러드, 저녁에는 달걀 1개, 고구마 1개 이렇게요. 근데 왜 폭식하는지 모르겠어요. 이렇게 먹어도 전 정말 배부르거든요. 잘 지킨 날은 너무 기분이 좋아요. 뭔가 제가 잘하고 있는 느낌이 들어서요. 그런데 저녁 잘 먹고 운동까지 다녀와서 폭식을 할 때는 진짜⋯제 자신이 너무 싫어요.

치료자   아무리 규칙적으로 식사를 해도 먹는 양이 너무 적으면 폭식이 나올 수밖에 없습니다. 지금 먹고 있는 양은 자신이 느끼기에는 배부르고 적당해 보이지만 적당한 식사량이 아니에요.

내담자   아, 그런가요? 저는 제가 잘 먹고 있다고 생각했는데요. 적당한 양은 어느 정도인가요?

　앞의 사례는 무엇이 문제일까요? 첫 번째 식사원칙인 기계적으로 먹기와 두 번째 식사원칙인 적당한 간격으로 먹기를 잘 이행했는데 말입니다. 아무리 두 원칙을 잘 지켰다 하더라도 식사량이 현저히 부족하면 다음 끼니에서 폭식이 일어나게 됩니다. 끼니를 거르지 않고 먹었다 해도 적게 먹었으니 식사 때마다 식욕을 참았다는 것이고, 이는 폭식의 원인이 되지요.

　우리 몸은 살아 있는 유기체라 몸을 운영하는 데 필요한 필수 칼로리 양이 있습니다. 이를 기초대사량이라고 합니다. 심장이 뛰고, 숨을 쉬는 데는 1,200kcal가 필요하고 백혈구, 적혈구, 손톱, 발톱, 머리털이 자라는 데 필요한 칼로리는 150~300kcal입니다. 음식물을 소화시키고 흡수하는 데 150kcal가 필요하며, 전해질 균형과 체온을 유지하는 데 150kcal가 필요합니다. 즉 시체처럼 가만히 누워 있기만 해도 우리 몸은 1,650~1,800kcal 정도를 소모합니다. 그런데 누워만 있을 수 없으니 움직일 때마다 활동 에너지로 약 500kcal를 더 소모합니다. 종합해서 계산해보면 성인 여성이 하루에 먹어야 하는 총 칼로리는 약 2,000kcal가 넘는 것이죠. 성인 남성의 경우에는 보통 여성에 비해 몸이 크고 근육량이 많아서 기초대사량이 높기 때문에 소모하는 칼로리가 여성보다 300~500kcal 정도 더 많을 수 있습니다.

기초대사량은 개인의 키와 몸무게, 나이에 따라 달라지고 활동량도 개인에 따라 다르기 때문에 하루 필요한 열량은 사람마다 차이가 있습니다. 여기서는 우리 몸이 활동하는 데 필요한 최소한의 칼로리가 있어 너무 적은 양을 먹으면 위험하다는 것만 기억하시면 됩니다.

만약 몸을 운영하는 데 필요한 가장 기초적인 칼로리인 1,650~1,800kcal 이하로 음식을 섭취하면 몸은 기초대사량을 약 40%에서 50%까지 낮춥니다. 에너지 소모량을 줄이는 것이죠. 또한 몸에 들어오는 칼로리가 부족해지니까 만약의 사태를 대비해서 비상식량을 축적해놓듯이 칼로리를 들어오는 족족 지방으로 축적시켜놓습니다. 결국 나중에는 물만 먹어도 살이 찌는 체질로 바뀌게 되는 것입니다.

그럼 적당한 양은 얼마만큼일까요? 이는 칼로리를 계산하라는 말이 절대 아닙니다. 칼로리를 계산하면 음식에 대한 불안과 강박이 더 심해지기 때문에 그동안 알고 있던 칼로리도 잊어버리려고 노력해야 합니다. 적당한 한 끼 밥의 양은 복합탄수화물 기준으로 햇반 작은 것 하나 정도라고 보시면 됩니다. 어떤 분은 반찬을 밥보다 더 많이 드시는데 그러면 근육과 뇌는 물론 온몸의 세포 하나하나를 움직이는 생명체의 중요한 에너지원이 부족해지기 때문에 오히려 과식이나 폭식을 불러일으키기 쉽습니다. 처음에는 적당한 양이 어느 정도인지 감이 잘 안 잡힐 수 있습니다. 규칙적으로 8주 정도 식사를 하다 보면 낮아져 있던 기초대사량이 회복될 뿐 아니라 어느 정도가 나에게 적당한 양인지 알게 되고 기분 좋은 배부름의 감각을 되찾을 수 있습니다.

내 몸이 필요로 하는 양을 채워 먹어요

다음은 우리가 최소한 섭취해야 하는 칼로리에 따른 식단 샘플입니다. 현재 나의 식사량과 비교하고 이보다 훨씬 적다면 어떻게 늘려나갈 수 있을지 적어봅니다. 다시 한 번 강조합니다. 일일이 칼로리를 계산하지 않습니다. 아래의 예시를 보면서 어느 정도가 적당한지 '감'을 익히고 그와 유사하게 먹으면 됩니다. 많이도 적게도 아닌 적당한 양이 어느 정도인지 금방 익힐 수 있을 것입니다.

* 1,800kcal 식단의 예

예시 1

식사	시간	식단
아침	07:00	모닝빵 2개, 감자샐러드(감자 1개, 삶은 달걀 1개), 양상추샐러드
간식	10:00	저지방우유 200ml, 키위 1개
점심	12:00	밥 1공기, 불고기, 배추된장국, 무말랭이, 배추김치
간식	15:00	귤 1개
저녁	19:00	밥 1공기, 갈치구이 1토막, 콩나물국, 곤약당근조림, 쑥갓나물, 배추김치
간식	20:30	천도복숭아 1개

예시 2

식사	시간	식단
아침	07:00	콘플레이크, 양상추토마토샐러드, 삶은 달걀 1개
간식	10:00	저지방우유 200ml, 방울토마토 10개
점심	12:00	밥 1공기, 돼지불고기, 미역국, 상추쌈, 무생채, 배추김치
간식	15:00	자두 1개
저녁	19:00	밥 1공기, 가자미구이 작은 것 2토막, 콩자반, 쑥조개된장국, 시금치나물, 연근조림, 배추김치
간식	20:30	천도복숭아 1개

44

예시 3

식사	시간	식단
아침	07:00	밥 1공기, 북어양념구이, 시금치된장국, 우엉조림, 깻잎나물, 배추김치
간식	10:00	요구르트 1개
점심	12:00	잔국수 1인분, 두부부침, 마늘종조림, 열무김치
간식	15:00	참외 반 조각
저녁	19:00	밥 1공기, 새우종하찜(3마리), 두부부침, 무바지락국, 도라지생채, 숙주파래무침, 열무김치
간식	20:30	감 1개

작성

식사	시간	식단
아침		
간식		
점심		
간식		
저녁		
간식		

식사량을 늘리는 게 너무 힘들어요.

지금껏 먹던 양이 너무 적었다면, 갑자기 늘리는 것이 두렵고 힘들 것입니다. 지극히 자연스러운 마음이지요. 우리의 최종 목표는 한 끼 식사에 1인분 분량을 다 먹는 것이지만 단계적으로 진행해도 아무 문제가 되지 않습니다. 갑자기 무리하기보다 내가 할 수 있는 선에서 조금씩 늘려나가세요.

식사원칙 네 번째_
골고루 먹기

치료자 메뉴에 밥은 거의 없네요. 원래 밥은 잘 안 먹나요?

내담자 항상 밥보다 반찬을 더 많이 먹어요. 탄수화물은 왠지 살이 찔 것 같
아서 먹기가 꺼려져요. 되도록 단백질이 많이 들어간 식사를 하려고
노력해요. 밥 대신에 생선이나 고기, 채소를 배부르게 먹는다든지 하
는 방식으로요.

치료자 근데 또 빵을 식사대용으로 많이 먹네요? 오히려 빵이 밥보다 다이어
트에 좋지 않을 텐데요.

내담자 그러니까요. 빵이 밥보다 더 살이 찐다는 것을 아는데도 자꾸 먹게 돼
요. 밥을 먹었을 때의 배부른 느낌이 너무 싫거든요. 머리로는 알아도
막상 배부른 느낌이 들면 살이 찔 것 같은 생각이 들어서 너무 토하고

싶어져요. 그래도 밥만 안 먹었다 뿐이지 세 끼 다 먹고 있고 배고프게 먹는 것도 아닌데 왜 자꾸 폭식이 나오는지 그 이유를 잘 모르겠어요.

치료자 아… 그러시군요. 아무리 세 끼를 적당하게 챙겨 먹는다고 해도 영양소를 골고루 섭취하는 것이 중요합니다.

내담자 그게 폭식과 연관이 있나요?

아무리 규칙적으로 일정한 간격을 두고 배부르게 식사를 하더라도 메뉴 자체가 한 영양소에 쏠리면 몸에서 결핍을 느낍니다. 그래서 계속 음식을 찾게 되고 폭식을 불러일으키는 것이지요. '배고픔으로 인한 폭식'을 막으려면 복합탄수화물, 채소, 과일, 유제품, 단백질, 지방이 골고루 들어간 식단으로 먹어야 합니다. 어느 영양소든 한쪽으로 치우치지 않도록 하는 것이 중요한 포인트지요. 또한 한 끼 식사에 복합탄수화물이 60% 이상 차지하는 것이 중요합니다. 탄수화물은 우리 몸이 움직이는 데 필요한 에너지를 온몸에 전달해주는 역할을 합니다. 꼭 먹어야 할 영양소이지요. 포만감을 주기 때문에 적게 먹거나 먹지 않으려는 사람이 많은데 복합탄수화물의 양이 부족하면 다른 음식으로 배를 채운다 하더라도 포만감이 오래가지 못해서 금세 다른 음식을 찾게 됩니다.

곡물 종류는 포만감이 서서히 느껴지기 때문에 당장 배부르지 않다는 이유로 밥을 기피하고 밀가루로 만든 음식을 먹곤 합니다. 이는 완전히 잘못된 행동입니다. 단순탄수화물인 빵은 밥보다 더 살이 찌는 음식이니까요. 뿐만 아니라 단순탄수화물은 복합탄수화물에 비해 당이 빨리 올라가기 때문에 포만감이 빠르게 사라집니다. 먹을 것을 또 찾게 되는 악순환이 반복되지요. 배부른 느낌이 주는 불안감과 불쾌감을 견디기 어렵겠지만 복합탄수화물을 꼭 주식으로 먹어야 합니다.

 함께해볼까요?

균형 잡힌 식사를 하세요

아래 식품 피라미드 그림을 참고해 현재 내가 먹는 식단에서 어떤 영양소가 부족한지 찾아보고 추가할 수 있는 메뉴를 적어보세요.

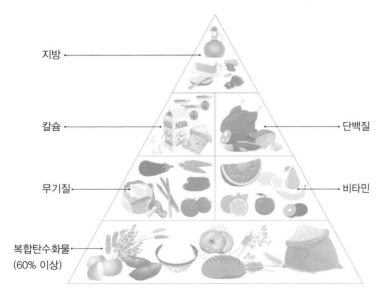

식품 피라미드

예시

식사	현재 식단	추가해야 할 영양소	추가 메뉴
아침	닭가슴살, 사과 반쪽	복합탄수화물 부족	현미밥
간식	먹지 않음		견과류, 자몽주스 1잔
점심	통밀빵, 채소샐러드, 커피 1잔	단백질 부족	삶은 달걀 2개 추가
간식	먹지 않음		귤 2개, 초콜릿 1개
저녁	밥 반 공기, 고등어구이, 김	비타민, 무기질 부족	채소샐러드
간식	먹지 않음	칼슘 부족	채소샐러드

작성

식사	현재 식단	추가해야 할 영양소	추가 메뉴
아침			
간식			
점심			
간식			
저녁			
간식			

책 속의 상담실 ···

복합탄수화물을 먹어야 한다는 것은 알겠어요. 그렇지만 아직
밥을 먹는 것이 너무 힘들 때는 어떻게 해야 하나요?

세 끼 전부 밥을 주식으로 먹는 것이 어렵다면, 부담이 덜 되는 가
공되지 않은 복합탄수화물 식품을 선택하면 됩니다. 예를 들어 고
구마, 단호박, 감자 같은 것으로 대체하세요.

1주 차를 끝내며

　　한 주 동안 4가지 식사원칙을 배우고 각자의 상황에 적용하느라 수고 많았습니다. 그런데 혹시 1주 차 워크북을 진행하면서도 폭식과 구토가 멈추지 않아 자신을 더 학대하지는 않았나요? 4가지 식사원칙을 적용하는 데 실패했든, 폭식과 구토가 이어졌든 그것은 결코 중요하지 않습니다. 당신이 이 책을 보고 있다는 것 자체가 이미 큰 변화입니다. 그동안 반복해온 잘못된 방식을 버리고 새로운 방식을 선택했다는 증거입니다. 이전에는 아무런 자각 없이 폭식과 구토를 하며 그저 의지가 부족하다고, 노력이 부족하다고 나를 자책했다면 이제는 다릅니다. 자기관찰일지를 쓰며 내가 왜 폭식을 하고 있는지, 현재의 식습관에서 무엇이 잘못됐는지를 보기 시작했기 때문입니다.

　이번 주는 결과에 상관없이 스스로를 많이 격려해주세요. 아무리 잘못된 방식이라 하더라도 그동안 붙잡고 있었던 끈을 놓는다는 것은 쉬운 일이 아닙니다. 많은 용기와 결단력이 필요하지요. 한 주 동안 수고했다고, 이제 시작이라고, 천천히 같이 해보자고 스스로에게 말해주세요.

한 주를 돌아보며 체크해봅니다.

다이어트를 했다면 어떤 방법이었고, 무엇이 잘못되었었나요?

〰〰〰〰〰〰〰〰〰〰〰〰〰〰〰〰〰〰〰〰〰

〰〰〰〰〰〰〰〰〰〰〰〰〰〰〰〰〰〰〰〰〰

〰〰〰〰〰〰〰〰〰〰〰〰〰〰〰〰〰〰〰〰〰

자기관찰일지를 쓰면서 생각이 어떻게 변화했나요?

〰〰〰〰〰〰〰〰〰〰〰〰〰〰〰〰〰〰〰〰〰

〰〰〰〰〰〰〰〰〰〰〰〰〰〰〰〰〰〰〰〰〰

〰〰〰〰〰〰〰〰〰〰〰〰〰〰〰〰〰〰〰〰〰

폭식을 없애기 위한 4가지 식사원칙 중 가장 힘든 것은 무엇이었나요?

▨ 기계적으로 먹기   ▨ 적당한 간격으로 먹기

▨ 적당한 양 먹기   ▨ 골고루 먹기

왜 그것이 가장 힘들었나요?

〰〰〰〰〰〰〰〰〰〰〰〰〰〰〰〰〰〰〰〰〰

〰〰〰〰〰〰〰〰〰〰〰〰〰〰〰〰〰〰〰〰〰

〰〰〰〰〰〰〰〰〰〰〰〰〰〰〰〰〰〰〰〰〰

폭식증과 거식증,
다른 듯 닮은 듯?

거식증과 폭식증은 다른 듯 닮았습니다. 거식증은 월경이 멈출 정도로 심한 저체중인데도 계속 체중 감량에 집착하는 것이 큰 특징이라면, 폭식증은 식사 조절력을 상실하여 반복적으로 폭식하고 그 음식을 제거하기 위해 구토를 하거나 변비약을 남용하는 것이 특징입니다. 거식증인 사람은 극단적으로 말랐기 때문에 언뜻 보기에는 거식증과 폭식증 사이에 분명한 차이가 있는 것 같습니다. 그런데 저체중이 심하면서도 폭식과 구토를 하는 환자가 있고 폭식이 심하면서도 구토를 하지 않고 운동에만 집착하는 환자도 있어 증상만으로는 거식증과 폭식증을 명확하게 구분하기 쉽지 않습니다.

사실 제가 처음 식이장애를 공부할 때에는 거식증과 폭식증의 차이를 명확히 구별하여 정확히 진단하는 것이 매우 중요하다고 배웠습니다. 그런데 임상 현장에서 20년 이상 식이장애 환자를 만나다 보니, 이러한 진단명이 세월이 지나면서 바뀌는 경우를 많이 보게 되었습니다. 예를 들면 중·고등학생 때 극단적인 식사조절을 하여 심한 저체중이 된 '거식증' 환자 중 시간이 지나 체중이 어느 정도 회복되었지만 폭식과 구토를 반복하는 양상을 보여 '폭식증'으로 진단이 바뀌는 경우가 많습니다.

또 그런 사람 중 30대로 넘어가면서 폭식할 때마다 구토는 하지 않지만 평상시에 다이어트를 하고, 매일 밤 자기 전 혼자 음식을 많이 먹고 후회하다가 도리어 더 많이 먹게 되는 양상을 보이는 '과식장애'로 발전하는 경우가 있습니다.

실제로 임상 연구 결과에 따르면 거식증 환자의 절반이 폭식증이나 과식장애로 양상이 바뀌고, 폭식증 환자의 4분의 1은 거식증의 과거력을 갖고 있었다고 합니다. 그래서 몇몇 식이장애 전문가는 이러한 현상을 '진단 이동 이론Trans-diagnostic Theory'이라고 설명하며 거식증과 폭식증 그리고 과식장애의 공통점을 지적합니다. 가장 큰 공통점은 체중과 외모가 자신에 대한 평가에 크게 영향을 주어 체중이 늘어나는 것을 지나치게 두려워한다는 점입니다.

치료의 목적으로 보면 거식증은 먼저 적절한 체중을 회복해야 하고 폭식증은 폭식과 구토의 악순환을 끊는 것이 우선이라는 점에서 차이를 보이지만 궁극적으로는 거식증이든 폭식증이든 체중 변화에 대한 두려움을 줄여야 합니다. 그리고 오로지 체중의 변화로만 자신을 평가하려는 생각을 바꿔야 합니다.

폭식의
공범을
없애라!

미美는 어디에나 있다.
그것은 결코 우리의 시야 내에
없을 리 없다.
다만 우리의 눈이 그것을
알아보지 못할 뿐이다.
_ 오귀스트 로댕

"자취하다 오랜만에 집에 가면 더 폭식을 하게 돼요. 식탁 위에는 항상 먹을 것들이 있고 냉동실에는 아이스크림이 채워져 있거든요. 가족들이 군것질을 좋아하다 보니 과자가 항상 보이는 곳에 있는 편이에요. 밥을 다 챙겨 먹어서 먹을 생각이 전혀 없다가도 간식거리가 눈에 띄면 한두 개씩 먹게 되고 그러다 보면 '망했다'라는 생각으로 전부 꺼내서 먹어요."

물고기가 아무리 건강해도 어항 속 물이 더럽다면 살아남을 수 있을까요? 마찬가지로 내가 아무리 노력해도 주변 환경 자체가 폭식하기에 딱 좋은 환경이라면 폭식으로 이어지는 것이 너무나 자연스러운 일이지 않을까 싶습니다. 또 전혀 예상치도 못한 나의 소소한 습관이 폭식증을 끌어당기고 있었을지도 모릅니다.

2주 차에서는 폭식을 불러일으키는 폭식의 공범들을 정리하는 시간을 가지려고 합니다. 나에게서 시작된 또는 내 주변에 도사리고 있는 폭식의 공범은 과연 어떤 것들이 있을까요? 외부 환경뿐 아니라 나의 습관 중에서도 폭식으로 연결되기 쉬운 행동을 점검해보도록 하겠습니다.

주변 자극
정리하기

치료자 주로 집에서 폭식을 하네요? 집에 음식이 많은 편인가요? 아니면 폭식할 때 따로 음식을 사 오나요?

내담자 음식이 많죠. 간식은 항상 보이는 곳 여기저기 널려 있어요. 제가 특별히 찾지 않아도 과자, 빵 이런 간식거리가 늘 식탁 위에 있거든요.

치료자 그럼 딱히 먹으려고 하지 않아도 식탁 위의 간식을 보면 저절로 먹게되겠어요.

내담자 네, 맞아요. 과자를 먹으려던 게 아닌데 눈에 자꾸 보이니까 먹게 돼요. 그리고 저희 집은 장 볼 때 식재료와 간식거리를 대용량으로 사두거든요. 그게 더 싸기도 하고 '두고두고 먹으면 되지, 뭐' 이런 생각으로 한꺼번에 많이 사요. 그러다가 제가 폭식을 하면, 그 음식들을 다 먹어치우게 되는 게 문제예요. 냉장고 안이든 식탁 위에든 늘 간식거리가 채워져 있으니 자꾸 먹고 싶어지고, 한번 고삐가 풀리면 그 많은 양을 다 꺼내 먹죠.

식탁 위에 주인 없는 빵이 놓여 있으면 어떤 생각이 드나요? 생각에 다다르기도 전에 이미 빵이 내 입속에 들어와 있지는 않나요? 다이어트로 지쳐 있는 내 몸은 음식의 유혹에 많이 약해진 상태입니다. 그러므로 음식으로부터 자유롭기 전까지는 폭식을 촉발시킬 만한 주변 상황을 전략적으로 정리해놓아야 합니다.

장을 한꺼번에 많이 보는 편이었다면 조금씩 사는 쪽으로 바꾸는 것이 좋고, 가능하면 바로 먹을 수 있는 가공식품보다는 조리해서 먹어야 하는 식재료를 사는 것이 좋습니다.

가족의 협조도 중요합니다. 만약 가족 모두 군것질을 좋아해서 아이스크림을 항상 냉동실에 가득 채워놓는다든지, 과자나 쿠키가 언제든 먹을 수 있도록 여기저기에 널려 있다면, 이런 환경을 정리해야 합니다. 가족에게 양해를 구하고, 도움을 요청하세요. 예를 들어 보이는 곳에 간식거리를 놓지 말아 달라고 부탁하거나, 가족들이 먹는 음식 자체를 본인에게 맞춰 달라고 하는 것이죠. 개인의 상황에 맞게 폭식할 수 있는 환경을 가능한 한 줄여나가도록 가족들의 동의하에 협조를 구하는 것입니다. 만약 가족이 도와줄 수 없는 상황이라면 어떻게 하면 내가 최대한 이런 환경에 방해받지 않을 수 있을지 개인적으로 연구해봐야 합니다. 다음 페이지에서 몇 가지

팁을 소개하겠습니다.

식사 습관도 한번 점검해봅시다. 가령 밥을 먹을 때 반찬 통을 그대로 두고 먹는 습관이 있다면, 아직 식사 조절감이 약하기 때문에 눈앞에 보이는 많은 양의 반찬을 다 먹어버릴 가능성이 높습니다. 한 번 먹을 분량을 그릇에 덜어 먹는 습관을 들입니다.

이제 시선을 밖으로 향해볼까요? 자주 다니는 길목에 무엇이 있나요? 학교, 직장, 집 또는 자주 다니는 길에 편의점이나 빵집, 분식집이 즐비해 있지는 않은가요? 음식 생각이 간절해진 상태에서는 이런 길을 지나다니는 것 자체도 폭식으로 연결되는 자극이 될 수 있습니다. 조금 멀더라도 상점이 없는 길로 돌아가는 것이 폭식을 막는 현명한 방법입니다.

 함께해볼까요?

정리만이 살 길이다!

폭식의 공범은 평범한 일상 속에 자리하고 있습니다. 지금 집과 주변 환경에서 폭식으로 연결될 만한 자극은 무엇이 있을까요? 아래는 폭식을 유발하는 주변 자극을 정리할 수 있는 팁입니다. 이 외에 폭식으로 유혹하는 일상의 작은 자극과 습관을 찾아 아래에 적어봅니다.

· 음식을 눈에 잘 보이는 장소(식탁 위 혹은 거실)에 두지 않는다.

- 식사는 한 번에 먹을 수 있는 양만 준비한다.
- 식사할 때 미리 먹을 양을 정해두고 계획한 양만 먹는다.
- 계획한 양의 음식을 다 먹었으면 나머지 음식은 남기고 식탁에서 일어난다.
- 남긴 음식은 잘 싸서 냉장고의 후미진 곳에 밀어 넣는다.
- 그래도 신경이 쓰이면 아까워하지 말고, 아예 버린다.
- 집 안의 음식량을 제한한다.

  방법1: 장을 볼 경우에는 미리 쇼핑리스트를 만들어 필요한 것만 산다.

  방법2: 배가 고플 때나 폭식을 하고 싶을 때에는 쇼핑을 피해서 과도하게 음식을 사지 않도록 한다.

  방법3: 조리하지 않으면 먹기 힘든 식재료 위주로 사고, 금방 먹을 수 있는 인스턴트 음식은 사지 않는다.

주변 자극을 정리했는데도 여전히 폭식을 하면 어떻게 해야 하
나요?

폭식은 단순히 음식 조절의 문제가 아니라 폭식 이면에 깔린 심리적
인 문제를 함께 다루는 것이 중요합니다. 그렇기에 주변 자극을 정
리하더라도 폭식이 조절되지 않는 것은 자연스러운 일입니다. 우리
는 지금 단계를 밟아나가고 있습니다. 너무 조급하게 생각하지 마세
요. 주변 자극을 정리하고 폭식을 하지 않으려 노력하고 있다면 이
미 치료의 길로 들어선 것입니다.

식사할 때는
딱 식사만

치료자   저녁에 유난히 폭식이 잦았네요. 보통 음식을 먹을 때 식탁에 앉아서 먹나요?

내담자   아니요. 그러고 보니 식탁은 있지만 거의 사용하지 않네요. 퇴근해서 집에 오면 보통 TV 앞에서 저녁을 먹거든요.

치료자   TV를 보면서 먹으면 멍한 상태가 되어 더 많이 먹기 쉬운데, 어떤가요?

내담자   네, 맞아요! TV를 보면서 먹다 보면 아무 생각 없이 먹게 되거든요. 정신 차리고 보면 제 앞에 과자 봉지, 빵 봉지가 산처럼 쌓여 있어요. 그제야 '왜 이렇게 정신없이 많이 먹었지?' 하면서 후회해요.

치료자   그렇군요. 그럼 먹을 때 맛도 거의 느끼지 못하겠네요.

내담자 네, 그러고 보니 그렇네요. 뭘 먹었는지조차도 기억나지 않으니까요.

치료자 만약에 TV를 끄고, 먹는 것에만 집중한다면 어떨까요?

내담자 그럼 훨씬 덜 먹을 것 같아요. 습관적으로 TV를 보면서 무의식중에 먹었던 거니까요.

TV를 보면서 먹다가 폭식이나 과식을 했던 경험이 있나요? 상담을 하며 식사 습관에 관해 질문하면 많은 사람이 식사할 때 TV를 본다든지 휴대폰을 본다고 대답합니다. 식사 외에 한 가지 이상의 다른 활동을 하며 밥을 먹는 것이죠. 그때의 맛을 기억하나요? 그때 나는 어떤 생각을 하고 어떤 감정을 느끼고 있었나요? 아마 '전혀 생각나지 않는다'라고 답할지 모릅니다. 식사와 다른 활동을 같이 하면 마치 뇌가 정지상태가 된 것처럼 아무런 생각이나 감정이 일어나지 않습니다. 인지하지 못하는 상태가 되기 때문입니다. 이런 상태에서는 폭식을 하기 쉽습니다.

내가 무엇을, 어떻게, 얼마나 먹고 있는지 알아채지 못하게 방해하는 잘못된 식사 습관을 점검해봐야 합니다. 휴대폰 보기, TV 보기, 게임 하기 등등 폭식을 할 때마다 너무나 자연스럽게 같이 했던 행동들이 있습니다. 이런 행동들은 아무 생각 없이 폭식을 하도록 유도합니다. 식사할 때는 딱 식사만 해야 합니다. 일상을 한번 관찰해보세요. 내가 주로 어디에서 밥을 먹는지, 돌아다니면서 산만하게 먹지는 않는지, 또는 컴퓨터를 하면서 계속 먹을 것을 추가로 꺼내와 먹진 않는지, 나의 행동을 한번 돌이켜보는 겁니다. 무심코 지나쳤던 나의 문제행동에는 어떤 것이 있을까요?

식사에만 집중해보세요

나를 폭식으로 몰고 가는, 식사와 결합된 행동은 어떤 것이 있나요? 아래 목록을 참고하여 내가 정리해야 할 행동이 무엇인지 적어봅니다.

- 음식은 반드시 한 장소에서만, 가능하다면 식탁에서만 먹는다.
- 절대로 식탁 외에 다른 장소(거실, 공부방, 침실, 서재 등)에 음식을 가져가지 않는다.
- 절대로 서서, 그것도 부산스럽게 왔다 갔다 하면서 먹지 않는다.
- 식사 중에 TV, 휴대폰, 책, 신문 등을 보지 않는다.
- 일할 때나 공부할 때 음식을 가까이 두지 않는다.

식사할 땐 딱 식사만 하려고 해도 전혀 제어가 안 될 때가 있어요. 이럴 땐 어떻게 하나요?

오랫동안 폭식을 했다면 '식사할 때 다른 것은 하지 말아야지' 하고 아무리 다짐해도 자연스럽게 TV 앞에 앉아 음식을 먹게 되곤 합니다. 그리고 도저히 그걸 막을 방법이 보이지 않고요. 폭식이 나에게 주는 장점이 많기 때문에 충분히 그럴 수 있습니다. 우리는 폭식을 하며 스트레스를 풀고, 정서적 외로움, 공허함, 지루함 등의 감정을 해소합니다. 아무 생각 없이 먹을 수 있는 그 시간을 하루 종일 기다립니다. 이렇게 나의 가장 가까운 친구 역할을 해준 폭식을 제어한다는 것은 당연히 어려운 일이지요.

제어가 안 될 때는 그럴 만한 이유가 있습니다. 이럴 때는 행동을 고치려는 데 초점을 맞추기보다 내가 폭식을 하며 얻는 장점이 무엇인지를 생각해보는 것이 더 도움이 될 것입니다.

마인드풀
이팅

치료자   보통 폭식할 때 먹는 음식의 맛은 어떤가요?

내담자   음식의 맛이요? 폭식할 때는 음식이 맛있는지 맛없는지 잘 모르겠어요. 그냥 허겁지겁 먹을 뿐이죠. 사실 제가 뭘 샀는지 모를 때도 많아요. 그때는 아예 생각이 없어지나 봐요. 정신을 차린 뒤에 널려 있는 음식 포장지들을 보고 '이렇게 많이 먹었구나' 하고 깜짝 놀라곤 해요. 그럼 제 자신이 너무 한심해서 깊은 한숨만 나와요.

치료자   그럼 먹는 속도도 굉장히 빠르겠어요.

내담자   네. 몇 번 씹지도 않고 그냥 삼키는 것 같아요. 너무 빨리 먹으니까 배부른지도 잘 모르겠고, 아무 생각 없이 먹을 때도 있지만 또 어떤 때는 너무 여러 가지 생각을 해서 먹는 것에 집중하지 못하기도 해요.

마인드풀 이팅Mindful Eating이란 말을 혹시 들어본 적 있나요? 우리 말로 번역하면 '의식하며 먹기' 정도가 될 것입니다. 마인드풀 이팅은 현재 내가 먹고 있는 대상과 먹는 행위 하나하나에 관심을 갖고 알아차리면서 그 순간에 온전히 참여하는 것을 말합니다. 가령 김밥 한 줄을 먹는다고 상상해보세요. 마인드풀 이팅을 하며 김밥을 먹을 때와 그냥 먹을 때는 완전히 다릅니다. 먼저 김밥의 생김새를 관찰해볼까요? 안에 어떤 재료가 들어 있는지 재료들의 색깔은 어떠한지 가만히 살펴봅니다. 당근의 색깔, 단무지의 모양, 김과 밥 사이의 경계 등 생전 처음 보는 것처럼 김밥을 관찰하는 겁니다. 이제 젓가락으로 김밥을 들어 올립니다. 무게감은 어떤가요? 김밥을 코끝으로 가져와 향을 맡아봅니다. 어떤 향이 나는 것 같나요? 생소한 행동에 웃음이 나겠지만 어떤 향이 나는지 한번 말로 내뱉어보세요. 이제 마지막 순서가 남았지요? 김밥을 입안으로 가져옵니다. 절대 서두르지 마세요. 지금 우리는 마이드풀 이팅을 하고 있으니까요. 혀끝에서 느껴지는 김밥의 촉감은 어떤가요? 침샘에서 침이 분비되는 걸 느껴보세요. 입안에서 어떤 맛이 느껴지나요? 이제 김밥을 씹기 시작합니다. 천천히 씹는 횟수를 세어봅니다. 김밥이 식도에서 위로 넘어가는 느낌을 느껴봅니다. 김밥이 완전히 내려갔을 때 배의 감각은 어떤가요?

마인드풀 이팅은 과거의 고민이나 미래의 불안을 뒤로하고 현재 먹는 그 순간에만 집중합니다. 내가 먹고 있는 김밥이라는 대상과 먹는 행동 그 자체에 온전히 참여하기 때문에 다른 생각은 끼어들 틈이 없습니다.

폭식을 할 때는 이러한 알아차림이 전혀 없습니다. 먹고 싶다는 충동과 함께 자동반사적으로 음식에 손이 가기 때문에 내가 무엇을 먹고 있는지,

맛은 어떠한지 전혀 알 수 없는 '백지' 상태가 되어버립니다. 특히 '빨리 먹고 토해버리자'라는 생각에 압도되면 정신을 놓아버린 채 폭식을 하기 때문에 어떤 음식을 먹었는지 모를 수밖에 없습니다.

이렇게 폭식은 나 자신과의 연결을 차단합니다. 그렇기 때문에 마인드풀 이팅이 필요합니다. 아직 감이 안 온다면 이렇게 생각하면 어떨까요? 여행지에서 난생처음 보는 음식을 먹는다고 상상해보세요. 음식의 향도 맡아보고, 색깔은 어떤지 천천히 살펴보며 조금씩 맛을 음미할 것입니다. 그러한 느낌을 떠올리며 마인드풀 이팅에 도전해보세요.

매끼 마인드풀 이팅을 하기는 어려울 것입니다. 방해받지 않는 나만의 시간이 되어야 하니까요. 평소에는 비공식적으로 마인드풀 이팅을 한다고 생각하세요. 음식을 먹으며 느끼는 오감을 관찰한다는 마음으로 가볍게 하면 됩니다. 그리고 비교적 시간의 여유가 있고 집중할 수 있을 때 공식적인 마인드풀 이팅 식사 시간을 가져보세요. 일주일에 단 하루라도 좋아요. 가령 '매주 금요일 저녁은 마인드풀 이팅 하는 날'처럼 하루를 지정해보는 건 어떨까요?

음식과 나, 둘만의 시간을 가져요

아래는 마인드풀 이팅의 순서입니다. 순서에 맞춰 시행해보세요.

1. 음식을 가져와 식탁에 앉습니다.
2. 음식을 찬찬히 관찰해보세요. 색깔은 어떤가요? 어떤 향이 나나요? 귀에도 가져가 봅니다. 어떤 소리가 들리나요?
3. 젓가락으로 음식을 들어 무게를 느껴봅니다.
4. 음식을 조금씩 입안에 넣고 천천히 씹습니다.
5. 음식을 한 입 먹을 때마다 숟가락과 젓가락을 상에 내려놓습니다.
6. 씹을 때 입안에서 느껴지는 모든 촉감을 느껴봅니다.
7. 혀의 모든 감각이 맛을 충분히 느낄 수 있도록 천천히 씹습니다.
8. 음식을 먹을 땐 오로지 먹는 것에만 집중하려고 노력합니다. 머릿속의 모든 근심은 접어두고 오로지 먹는 것을 즐기는 데 집중합니다.
9. 음식을 다 삼켰을 땐 배의 감각을 느껴봅니다.
10. 수저를 내려놓고 다시 음식을 관찰합니다. 식사를 다 마칠 때까지 과정을 반복합니다.
11. 긴 시간에 걸쳐 천천히 먹습니다. 절대로 20분 이내에 식사를 끝마치지 않습니다.

다른 사람과 같이 있을 때는 마인드풀 이팅을 어떻게 실천하나요?

사람들과 같이 있을 때에도 얼마든지 할 수 있습니다. 공식적인 마인드풀 이팅을 할 때에는 앞에서 알려드린 순서에 따라 먹겠지만 다른 사람들과 함께 식사할 때는 비공식적인 마인드풀 이팅을 사용하면 됩니다. 그릇 위의 음식을 관찰하고 입안에 넣었을 때 벌어지는 일에 초점을 맞추어 무언가를 먹고 있다는 사실을 알아차려 가며 식사를 합니다.

나쁜 음식에
도전해볼까?

치료자 폭식할 때 먹는 음식이 평상시에도 잘 먹는 메뉴인가요?

내담자 아니요, 전혀요. 평상시에는 살찔 것 같은 음식은 절대 안 먹어요. 과자, 케이크, 초콜릿, 빵 이런 것들이요. 저에게는 금지 음식이죠. 그런데 폭식할 때는 주로 이런 금지 음식을 먹어요.

치료자 그럼 평상시에는 어떤 음식을 먹나요?

내담자 평상시에는 그냥 건강하고 좋은 음식을 챙겨 먹으려고 노력하죠. 현미밥에 나물 반찬 같은 거요. 그런데 이렇게 잘 참다가도 한번 폭식이 터지면 빵, 과자, 치킨 등을 모두 먹어버려요. 한번은 케이크가 너무 먹고 싶은 거예요. 먹을까 말까 빵집 앞에서 30분을 서성이다가 돌아선 적도 있어요. 먹고 싶은 것을 먹으려니 살이 찔 것 같아 못 먹겠는

데 한번 먹고 나면 걷잡을 수가 없게 돼요.

치료자 아, 음식 자체를 살찌는 음식, 살이 안 찌는 음식으로 구분하는군요. 그런데 이런 구분이 오히려 폭식을 하게 만들어요.

내담자 아, 그런가요? 나쁜 음식은 안 먹는 게 좋지 않나요?

당신에게도 나쁜 음식과 좋은 음식이 있나요? 칼로리가 높고 지방함량이 높은 음식은 나쁜 음식, 칼로리가 낮고 가공되지 않은 음식은 좋은 음식으로 나누어 먹는 것을 제한했다면, 아이러니하게도 나쁜 음식으로 폭식할 확률이 높아집니다. 어떤 특정 음식을 회피하고 배제할수록 그 음식이 식욕을 증진시키기 때문입니다. 실제로 맛을 느끼는 혀의 미뢰(맛봉오리)가 그동안 금기했던 강한 맛, 단맛, 매운 맛, 기름진 맛을 좋아하는 쪽으로 변합니다. 그래서 한동안 잘 참는 것 같다가도 어느 순간 자제력을 잃고 폭식하게 될 위험이 커지는 것이죠. 예를 들어 치킨이 먹고 싶은데 계속 참고 샐러드만 먹다 보면 치킨을 먹고 싶다는 생각이 사라지는 것이 아니라 2배, 4배로 커져 나중에는 자제력을 잃고 과하게 먹게 됩니다.

다이어트는 좋은 음식, 나쁜 음식을 구분해 좋은 음식만 허용하라고 말합니다. 하지만 세상에 나쁜 음식은 없습니다. 적당히 먹으면 모두 내게 좋은 음식이 됩니다. 음식을 이분법적으로 갈라놓고 피하다 보면, 음식은 먹고 마시며 즐기는 것이 아닌 조심하고 경계하고 주의해야 하는 것이 됩니다. 강박과 불안에 압도되게 되지요. 이렇게 되면 식사를 할 때마다 스트레스를 받기 때문에 당연히 다이어트도 잘될 수가 없습니다. 스트레스뿐인 다이어트는 지속하기 어려울 테니까요.

함께해볼까요?

가끔 치킨도 괜찮아요

4가지 식사원칙을 지키는 것이 중요하지만 내가 먹고 싶은 음식에 대한 욕구를 일정 정도 해결해주는 것도 필요합니다. 그동안 나쁜 음식이라고 생각했던 메뉴들을 적어보고 먹을 수 있을 것 같은 음식부터 식단에 추가해보세요.

나쁜 음식	그렇게 생각하는 이유
빵	먹으면 소화가 안 된다. 밀가루는 무조건 살이 찔 것 같다.
튀김류	먹고 토하지 않으면 바로 허벅지 살로 갈 것 같다.

식단에 바로 포함시켜서 먹을 수 있는 나쁜 음식은 무엇이 있나요? 언제 먹을 건지도 적고 꼭 먹어보세요.

책 속의 상담실 ···

도저히 포함시킬 수 없는 나쁜 음식은 어떻게 해야 하나요?

나쁜 음식에 대한 불안의 정도는 다 다를 것입니다. 처음에는 견딜 만한 수준의 나쁜 음식부터 시작하면 됩니다. 그 음식을 먹어도 체중이 걱정했던 것만큼 올라가지 않는다는 것을 경험하면, 더 강도가 센 것도 포함시킬 수 있을 것입니다.

나를 가두는
식사규칙

치료자   따로 식사규칙이 있나요? 예를 들어 '밥을 먹기 전에 꼭 과일을 먹어 야 한다' 같은 것들이요.

내담자   아, 당연히 있죠. 저만의 식사규칙은 대충 이런 것들이에요.

첫째, 밥 한 번에 반찬 1~2개를 초과해 먹지 않는다.

둘째, 파를 넣은 달걀찜의 경우에는 파가 있는 곳 위주로 가장자리부 터 먼저 먹고 미리 나눠놓고 먹는다.

셋째, 시금치는 한 줄기씩, 김치는 조그맣게 한 조각씩 먹는다. 연근도 조금씩 잘라 먹는다.

넷째, 삼치는 껍질 위주로 먹고 살은 조금씩 먹는다.

다섯째, 반찬을 먹을 때 조그맣게 나눠서 맛만 보는 식으로 먹는다.

여섯째, 감자샐러드는 젓가락으로 먹고 겉에 묻은 것들을 긁어 먹는다.

일곱째, 무조건 밥보다 반찬을 많이 먹는다. 이 정도예요.

치료자 아, 생각보다 많네요. 그런데 이런 규칙을 정한 기준은 무엇인가요?

내담자 어떻게든 많이 먹지 않기 위한 저만의 방법이죠.

치료자 그렇군요. 그런데 규칙이 많을수록 음식에 대한 불안감은 높아질 수밖에 없습니다.

내담자 규칙이 많을수록 안정감을 느끼는 거 아니에요?

폭식증이 있는 사람은 나름의 식사규칙을 만듭니다. 어떤 사람은 채소를 먼저 먹고 밥을 먹어야 안심이 되고, 어떤 사람은 밥을 반찬처럼 먹습니다. 모두 자신만의 식사규칙이 있습니다. 대부분 살찌지 않으려는 강박에서 나온 식사규칙이지요. 규칙이 엄격하고 구체적일수록 그만큼 스스로 식이제한을 많이 하고 있다는 것을 의미합니다. 그래서 음식에 대한 불안감이 높아지고 폭식을 불러일으키게 됩니다.

나만의 식사규칙을 쭉 종이에 적어보세요. 어떤 기준에서 그런 규칙이 나왔는지도 같이 생각해보세요. 식사규칙에 맞춰 음식을 먹었을 때 내 마음이 어떠했는지도 떠올려보세요. 아마 즐겁고 편안한 식사가 될 수 없었을 것입니다. 규칙을 하나라도 어길까 봐 긴장하면서 식사했을지 모릅니다. 또는 규칙을 지키기 어려운 식사 자리에서 심한 불안이나 짜증을 느꼈을지 모릅니다.

적다 보면 '이렇게 많았어?' 하며 놀라는 사람도 있을 것입니다. 이런 작업은 내 행동을 객관적으로 보게 해주기 때문에 앞으로 어떤 방향으로 고쳐나가야 할지 알아가는 데 도움을 줍니다. 그동안 수없이 다이어트를 시도하고, 실패해오면서 어떻게 먹는 것이 정상인지, 내가 정상적으로 먹은 적이 있기는 했는지 기억이 가물가물할 수도 있습니다. 극심한 다이어트로 생긴 나만의 식사규칙을 점검하고 수정하는 과정 속에서 점차 내 몸에 맞는 건강한 식습관을 찾아갈 수 있습니다.

 함께해볼까요?

당신의 식사에 자유를 허하라!

아래 목록을 참고하여 내가 갖고 있는 잘못된 식사규칙을 적어봅니다.

먹어야 할 음식과 먹지 말아야 할 음식이 있다면?

~~~~~~

언제 먹어야 하고, 언제 먹지 말아야 하는지에 대한 기준이 있다면?

~~~~~~

얼마나 먹어야 하는지(칼로리 계산, 음식의 크기 제한 등)의 규칙이 있다면?

~~~~~~

에너지를 소비하기 전까지 ○○○은(는) 먹으면 안 된다.

~~~~~~

배고픔을 느끼기 전에 ○○○은(는) 먹으면 안 된다.

~~~~~~

이 외에 나만의 식사규칙이 있다면 적어보세요.

~~~~~~

~~~~~~

~~~~~~

~~~~~~

~~~~~~

책 속의 상담실 ···

건강한 식습관을 갖는다는 것은 어떤 의미인가요?

건강한 식습관이란 하루 세 끼를 규칙적이고 계획적으로 먹는 식생
활을 통해 음식에 대한 두려움을 없애고 스스로가 식사의 주체가
되어 음식 조절력을 회복하는 것을 의미합니다. 식사에 대한 잘못
된 규칙을 없애는 것이 중요한데, 규칙이 너무 많으면 '나는 음식을
즐기는 주체가 아니라 음식의 노예가 될 수 있습니다.

79

고장 난
배고픔 신호

(식사 계획표를 작성한 지 2주 후 면담)

치료자 식사 계획을 짜는 것이 도움이 됐나요?

내담자 어떻게 먹을지 미리 계획하는 것과 계획하지 않는 것은 큰 차이가 있
는 것 같아요. 계획을 짜면 우선 아무 생각 없이 음식으로 손이 가는
것을 막을 수 있거든요. 특히 자기관찰일지를 쓰면서 내가 급하게 먹
지는 않았는지, 그게 음식에 대한 불안감 때문이었는지를 돌아보면서
내 마음 상태를 점검하니까 다음 식사 때는 '그러지 말아야지' 하는
다짐을 할 수 있어서 좋아요.

그런데 이런 계획이 없으면 식사를 건너뛰기도 쉽고 눈에 보이는 대
로 이것저것 먹다가 폭식할 때도 있거든요. 완전히 막을 수는 없지만

그래도 '계획한 대로 먹어야지' '폭식하지 말아야지' 하는 조절력이
조금씩 생기는 것 같아요.

먹는 것에 대한 불안감이 없고 배고픔과 배부름을 조절하는 식
이중추가 안정된 상태라면 굳이 식사 계획을 짤 필요가 없습니다. 내 몸이
주는 신호에 맞춰 먹으면 되니까요. 그러나 신호체계가 안정화되지 않은 상
태에서는 식사를 계획해야 합니다. 계획은 충동적인 폭식을 예방하는 데
큰 도움이 됩니다.

식사 계획은 전날 자기관찰일지를 작성하면서 같이 세우는 것이 좋습니
다. 4가지 식사원칙에서 무엇이 벗어났는지 스스로의 식사패턴을 점검하면
서 내일 식사에서 보완해야 할 부분을 계획에 반영합니다.

예를 들어 전날 아침 식사를 너무 적게 먹어서 다음 식사를 과식했다면
그다음 날 식사 계획에는 아침 식사량을 더 늘려주는 것입니다. 또는 전날
치킨이 먹고 싶었는데 못 먹었다면 폭식을 예방하기 위해 그다음 날 먹어
도 부담이 없는 제일 편한 시간에 치킨을 포함시킵니다. 이런 식으로 폭식
으로 연결될 수 있는 위험 요소를 줄여 폭식을 미리 예방하기 위한 식사
계획을 세우는 것입니다.

함께해볼까요?

규칙적인 식사 계획을 세우세요

건강한 식사 계획을 세우는 4가지 기준에 대해 알아봅니다.

첫째, 계획대로 식사하자!

폭식으로 인해 배고픔이나 배부름의 복부감각이 아직 돌아오지 않은 상태에서는 감각에 의존해 식사를 조절하면 안 됩니다. 계획대로 식사를 해서 식사 습관이 규칙적으로 바로잡아지면 배고픔과 포만감의 정상적인 감각이 서서히 돌아올 것입니다.

둘째, 식사와 간식 사이에 3~4시간 이상의 간격을 두지 말자!

어느 정도 시간 조절은 할 수 있지만 가능한 규칙적인 식사 간격을 지키도록 해봅니다.

셋째, 식사도 간식도 꼭 먹자!

식사와 간식을 건너뛰면 폭식을 유발할 위험이 큽니다. 배부름의 정도에 따라 간식의 양은 조절할 수 있습니다.

넷째, 식사에 방해가 된 나의 태도와 생각이 무엇인지 점검하자!

자기관찰일지를 점검하며 폭식으로 연결되었던 나의 생각과 태도가 있었는지 살펴보고, 있었다면 그다음 날 식사 계획에 반영하여 수정하도록 합니다.

아래의 샘플을 참고하여 식사 계획표를 작성해보세요.

식사 계획표

_____년 ____월 ____일 ____요일

끼니		시간	메뉴	보완해야 할 나의 태도와 생각
오 전	식사	8:00	현미밥, 오징어볶음, 채소샐러드	전날 아침을 적게 먹었더니 저녁에 폭식으로 연결. 꼭 밥을 먹자!!
	간식	10:30	복숭아 1개	마트에서 대량으로 간식을 사다 놓지 않기
	식사	12:30	현미밥, 오이냉채, 제육볶음	점심은 꼭 밥으로 먹자. 간식으로 식사를 대신하지 말자.
오 후	간식	3:30	케이크 1조각	어제 먹고 싶었지만 참았던 케이크를 추가하여 식욕을 억누르지 말자.
	식사	7:00	외식, 저녁약속	뷔페에서 과식하지 말고 천천히 맛을 음미하면서 먹자. 긴장하지 말자. 할 수 있다.
	간식	9:00	패스	저녁 식사가 배부를 것 같아 패스

식사 계획표

	끼니	시간	메뉴	보완해야 할 나의 태도와 생각
오 전	식사			
	간식			
	식사			
오 후	간식			
	식사			
	간식			

계획표대로 식사하지 못했을 때는 어떻게 해야 하나요?

계획표대로 못 했다고 하더라도 가능한 빨리 다음 식사 계획으로
돌아오면 됩니다. 변수는 있기 마련입니다. 지키지 못한 계획에 연연
해하지 마십시오. 중요한 것은 현재 우리가 나아지기 위해 노력하는
과정이지 완벽을 추구하는 것이 아닙니다.

2주 차를 끝내며

　두 번째 주는 어땠나요? 어떤 활동은 쉽게 고쳐지지만 어떤 활동은 아직 어렵고 지키기 어렵나요? 내가 너무나 자연스럽게 했던 행동을 관찰하고 갑자기 개선하려니 쉽게 고쳐지지 않았을 것입니다.

　얼마나 이행을 잘 했느냐보다는 폭식의 주원인이 불규칙한 식사 습관과 정리되지 않은 주변 환경이었음을 알게 된 것이 큰 성과입니다. 한 보 전진입니다. 내가 실천한 부분이 가져온 긍정적인 작은 변화를 찾아보세요. 2주 차 활동 중 가장 힘들고 부담되었던 것을 찾아보고, 그 이유를 적어봅니다.

한 주를 돌아보며 체크해봅니다

긍정적인 변화가 있었다면 무엇인가요?

~~~~~~

~~~~~~

~~~~~~

한 주를 돌아보며 가장 어려웠던 부분을 체크해봅니다.

- 과식, 폭식을 하도록 유혹하는 주변 자극 정리하기
- 식사할 때 동시에 하는 다른 행동 제한하기
- 마인드풀 이팅
- 나쁜 음식 식단에 포함시키기
- 잘못된 식사규칙 수정하기
- 건강한 식사 계획 짜기

왜 그것을 실행하기 어려웠나요?

~~~~~~

~~~~~~

~~~~~~

~~~~~~

폭식증과 체중 조절,
두 마리 토끼를 잡아라!

    어느 정도 폭식이 멈추면 바로 체중을 감량하려는 사람이 많습니다. 그러나 조급한 마음에 서둘러 다이어트를 재기하면 되려 폭식증이 악화됩니다. 이런 조언을 해도 몰래 조금씩 체중 감량을 시도하다가 결국 폭식증이 통제력을 잃고 전보다 더 나빠지는 경우를 많이 보았습니다.

    단호하게 말씀드립니다. 원칙적으로 폭식증에 걸린 사람은 체중 조절보다 폭식증 치료가 먼저입니다. 특히나 심한 다이어트로 폭식증이 생겼다면 기초대사량이 감소되어 있고 식욕은 상대적으로 엄청나게 증가해 있기 때문에, 이런 상태에서 다이어트를 한다는 것은 불난 집에 부채질이 아니라 기름을 들이붓는 꼴입니다. 기초대사량은 더욱 감소할 테고 식욕은 더욱 증가해서 폭식의 굴레를 벗어나기가 더더욱 어려워지지요.

    치료원칙은 다음과 같습니다. 먼저 하루 1,500kcal 이상의 음식을 규칙적으로 2개월 이상 먹습니다. 2개월 뒤부터는 자연스레 폭식이 서서히 줄어들고 기초대사량이 증가하기 시작합니다. 즉 우리 신체 내부기관에서 쓰는 에너지의 양이 증가하는 것이죠. 움직이지 않고 가만히 있어도 신체에서 쓰는 에너지 소모가 늘어나니 혈액순환이 원활해지고 체온이 올라가 땀이 많이 나게 됩니다. 한겨울인데도 덥다고, 열이 난다고 하는 분도 계십니다. 이는 체중이 빠질 준비가 된 신호라고 할 수 있습니다. 여기서 다시 2개월 정도만 더 참으세요! 절대로 빨리 체중을 감량하려 하지 말고 충분히 음식을 허용하면서 점점 활동량을 늘리세요. 그래야 폭식증이 확실하게 제거됩니다.

폭식증 치료기간은 약 6개월 내지 1년입니다. 기초대사량을 정상 수준으로 복귀시키고 폭식 욕구를 상당히 제거한 후에야 비로소 체중 감량을 시도할 수 있습니다. 그러나 이때에도 절대로 먹는 것을 줄여서는 안 됩니다! 운동량을 늘려서 체중을 조절해야 합니다.

어떻게 보면 폭식증 치료와 체중 조절은 절대 함께 잡을 수 없는 두 마리 토끼 같습니다. 그래서 많은 사람이 폭식증을 치료하면서 음식을 허용하는 것에 불안을 느끼고, 빨리 다시 체중을 빼야 한다고 초조해하지요. 만약 여름이 다가오고 있다면 몸매가 노출될 거라는 생각에 더 초조해합니다.

폭식증 치료와 체중 조절이라는 두 마리 토끼는 다 잡을 수 있습니다. 다만 동시에 잡으려고 욕심내지 마세요. 순서대로 잡으면 됩니다. 한 마리씩, 한 마리씩. 올여름만 생각하지 말고 삶을 길게 바라보세요. 초조한 마음을 가라앉히고, 폭식증부터 한 마리씩 잡아가는 것입니다. 그렇게 순서대로 하면 두 마리 토끼, 모두 잡을 수 있습니다.

3주 차

폭식 촉발
요인을
제거하라

아름다운 것은 선하고,
선한 자는 곧 아름다워진다.

_ 사포

"전에는 폭식을 하면 절제하지 못하는 제 자신을 많이 자책했어요. '왜 참지 못하고 또 먹었을까?' 하며 제 자신을 한심하다고 여겼거든요. 그런데 지금은 달라요. 왜 폭식을 했는지 그 이유를 알고 있으니 자책하기보다는 '아, 아침을 너무 조금 먹어서 그랬구나. 다음 날에는 더 챙겨 먹어야지' '술자리는 당분간 좀 피해야지' '스트레스를 다른 것으로 풀어야지' 하고 실질적인 해결방안을 생각하게 되었어요."

2주 차까지 배운 것처럼 폭식하는 데에는 반드시 원인이 있습니다. 더 이상 내가 의지가 약해서 또는 식욕을 참지 못해서 그랬다는 자책은 마세요. 그 부정적인 에너지를 나의 내면을 돌아보는 분석에 쏟아보세요. 3주 차에서는 정말 위험하고 취약한 폭식 촉발 요인을 분석하는 연습을 할 것입니다. 폭식을 하게 되는 요소는 크게 4가지입니다.

1. 4가지 식사원칙을 지키지 않아서 생긴 배고픔으로 인한 폭식
2. 부정적인 감정과 생각에 의한 마음고픔(감정)에 따른 폭식
3. 사회적인 관계나 여러 스트레스로 인한 스트레스성 폭식
4. 술과 관련된 정신 활성 물질로 인한 폭식

자기관찰일지를 작성하면 내가 어느 부분에서 흔들렸는지 폭식 촉발 요인을 찾을 수 있습니다. 그러다 보면 자각능력이 높아

져 폭식을 통제할 수 있는 힘도 더 커집니다.

폭식 촉발 요인을 분석하는 방법은 간단합니다. 자기관찰일지에 폭식이 없었을 때 내가 어떤 부분을 잘 지키고 있었는지 적어보고, 폭식이 발생했다면 내가 위의 4가지 중 어떤 부분에 취약한지 분석한 후 다음 날 지키기 힘들었던 부분을 보완하기 위한 해결책을 생각해보는 것입니다. 그럼 3주 차도 화이팅입니다!

폭식의
좋은 점

치료자　매끼마다 먹는 양이 좀 줄어든 것 같네요?

내담자　네, 맞아요. 좀 줄었죠. 사실 식사원칙을 지키려고 세 끼를 한 달째 계속 먹다 보니 체중에 대한 불안감이 들었어요. 그래서 이번 주에 의도적으로 식사량을 줄였더니 바로 다음 날 점심부터 무너지기 시작하는데… 너무 괴로웠어요. 세 끼를 적절한 양으로 챙겨 먹지 않으니까 바로 그날 저녁에 폭식이 찾아오더라고요.

치료자　하루 세 번 식사하면 살이 찔 것 같은 느낌이 충분히 들 수 있습니다. 예전에 굶으면서 체중을 감량한 적이 있기 때문에 더 그럴 겁니다. 그런데, 잘 아시죠? 그렇게 양을 줄이고 식사원칙을 지키지 않으면 금방 배고픔으로 인한 폭식이 나올 수 있다는 것을요. 세 끼를 규칙적으로 먹는 것이 건강한 다이어트를 장기적으로 할 수 있는 비법입니다. 지루하고 인내가 필요한 과정이겠지만 이것만이 안정적인 체중을 유지할 수 있는 유일한 방법이에요.

내담자   그러니까요. 폭식을 하면 결국 살이 더 찐다는 걸 다 아는데도 지키는 게 참 힘들어요. 특히 적당한 양을 먹는 게 제일 힘든 거 같아요.

치료자   황당한 질문처럼 들리겠지만 폭식이 주는 장점이 뭘까요?

"다 알지만 건강하게 먹는 게 너무 힘들어요."

"머리로는 알겠는데 체중을 빨리 빼야 한다는 압박감 때문에 자꾸 굶게 돼요."

'알지만 잘 안 된다.' 상담 때 자주 듣는 말입니다. 여러분은 어떤가요? 4가지 식사원칙(기계적으로 먹기, 적당한 간격으로 먹기, 적당한 양 먹기, 골고루 먹기)을 잘 지키고 있나요? 오랫동안 해오던 다이어트 습관을 버리고 건강한 식사원칙을 지킨다는 것은 결코 쉬운 일이 아닙니다. 체중 증가에 대한 두려움 혹은 '이렇게 해서 과연 폭식증이 나을까?'라는 의심이 들 수 있습니다. 폭식증은 단순히 음식을 조절하는 문제가 아니기 때문에 아무리 머리로 폭식하지 않는 법을 알아도 내 의지대로 되지 않습니다. 예전에는 폭식을 해서 힘들었지만 지금의 힘듦은 또 다른 차원이지요. 어떻게 해야 좋아진다는 것을 알면서도 잘 지키지 못하는 데에서 오는 힘듦이니까요. 어쩌면 폭식이 주었던 장점이 그리워서 폭식을 놓기 어려울지 모릅니다.

폭식이 무조건 나쁘기만 한 것 같지만 내 마음 깊숙한 곳을 잘 살펴보면 폭식이 일시적으로 주었던 유익이 있을 것입니다. 마치 동전의 양면과도 같은 것이죠. 먹고 토하는 것이 너무 힘들지만 그렇게 함으로써 마음이 잠시 편해졌을지 모릅니다. 잠시나마 위안을 주었거나 해야 할 일을 회피하게 해주었거나 또는 따분한 시간을 잘 보낼 수 있었다거나 미래에 대한 불안을 잠시 잊게 해주었을지 모릅니다. 물론 잠깐의 눈속임일 뿐 장기적으로는 도움이 되지 않은 데다 폭식에 의존하게 하고 식사를 제대로 하지 못하도록 만든 원인이었지만요.

 함께해볼까요?

감추어둔 마음을 털어놓아요

폭식이 나에게 주는 장점이 있었다면 무엇이었나요?

폭식을 유발하는
감정과 생각

내담자   세 끼를 다 먹었는데도 식욕이 절제되지 않았어요. '빨리 집에 가서 먹고 토하고 싶다'라는 생각이 너무 강해서 학교에서 강의를 듣다가 중간에 그냥 집으로 와서 먹고 토했어요.

치료자   폭식 전에 무슨 특별한 상황이 있었나요?

내담자   그냥 특별한 일은 없었고 외출 준비를 하는데 예전에 입었을 때는 헐렁했던 옷이 꽉 끼니까 기분이 좋지 않았어요. 학교에서 마른 친구들이 유난히 눈에 띄었고 기분이 더 나빠지더라고요. 제 몸과 비교가 됐어요.

치료자   그때 무슨 생각이 동시에 들었나요?

내담자   '다른 애들은 다 마르고 예쁜데 나는 뚱뚱하고 형편없어'라는 생각이 들었어요. 그 순간 너무 수치스러워서 숨고 싶었어요.

치료자 바로 지금 말한 그 생각과 감정 때문에 폭식이 나왔던 것 같네요.

식사원칙을 잘 지켰는데도 갑자기 절제하기 힘든 폭식 증상이 나타났다면, 마음고픔으로 인한 폭식인 경우가 많습니다. 내 안의 왜곡된 생각과 감정이 폭식을 만든 것이지요. 어떤 대단하고 특별한 사건이 있어서 폭식을 하는 것이 아닙니다. 누군가에게는 그냥 넘어갈 수도 있는 일이지만 나에게는 한없이 예민한 부분을 건드리는 일일 수 있습니다. 그때의 부정적인 생각과 감정을 경험하고 싶지 않아 폭식이라는 수단을 사용하게 됩니다. 이것이 바로 '마음고픔(감정)으로 인한 폭식'입니다.

어떤 날은 기분 상할 일이 전혀 없었는데도 폭식을 해 의아해집니다. 그러나 가만히 하루를 되돌아보면 분명 사소하고 미묘한 계기가 있었습니다. 사람들이 지나가며 건넨 말 한마디, 꽉 끼는 바지, 얼핏 거울에 비친 내 모습 등 소소한 일이 나의 마음을 건드렸을 수 있습니다.

그동안 자기관찰일지를 쓰면서 상황, 생각, 감정 포착하기를 연습해왔기 때문에 그리 어렵지 않게 '무엇'이 마음고픔으로 인한 폭식의 촉발 요인이 되었는지 찾을 수 있을 것입니다.

부정적인 생각과 감정은 폭식과 바로 연결될 수 있습니다. 또는 며칠이고 잠재해 있다가 폭식을 유발할 수 있는 상황, 즉 식사량이 적었다든지 오랜만에 친구와 만나 술을 마셨다든지 하는 상황과 맞아떨어질 때 시한폭탄처럼 터질 수도 있습니다. 이렇게 내 안의 부정적인 생각, 감정, 환경은 서로 영향을 주고받으며 폭식을 불러일으킵니다.

 함께해볼까요?

나만의 위크 포인트weak point 알아내기

자기관찰일지를 보면서 폭식이 발생한 근래 2주 동안의 감정과 생각, 환경을 전부 확인합니다. 그리고 '무엇'이 폭식을 촉발시켰는지 추리하고 점검해봅니다.

~~~~~~
~~~~~~
~~~~~~
~~~~~~
~~~~~~
~~~~~~

마음고픔으로 인한 폭식으로 자주 연결되는 나만의 주된 부정적인 사고와 감정, 즉 위크 포인트가 무엇인지 기록해봅니다.

~~~~~~
~~~~~~
~~~~~~

~~~~~~

~~~~~~

~~~~~~

책 속의 상담실 ···

저는 그냥 많이 먹고 싶으니까 폭식하고 토하는 게 다인데요?
부정적인 생각이나 감정은 잘 모르겠어요.

분명한 건 폭식증이 괜히 나오는 경우는 절대 없다는 것입니다. '그
냥 많이 먹고 싶으니까'는 없습니다. 내가 폭식을 한 데에는 그럴 만
한 이유가 있습니다. 내가 아직 모를 뿐, 몸은 이미 반응한 것입니
다. 혼자 찾는 것이 어렵다면 나를 잘 아는 지인과 폭식으로 가기
전 나의 내면을 들여다볼 수 있는 대화를 해보는 것도 하나의 방법
입니다.

3 _{week} 3

누군가와 같이 먹는 게
힘들 때

내담자 선생님, 내일 오랜만에 친구들을 만나서 밥을 먹는데 너무 걱정돼요.

치료자 어떤 부분이 걱정이 되나요?

내담자 친구 생일이라 뷔페를 가거든요. 근데 저는 아직 뷔페가 무서워요. 분명히 조절하지 못하고 많이 먹게 될 것 같아요. 친구들한테 다른 데 가자고 하기엔 눈치가 보이고요. 다들 좋아하는데 저만 거기 가기 싫다고 하는 게 좀 그렇잖아요.

치료자 그래도 의견은 내볼 수 있지 않을까요?

내담자 그런 말은 잘 못 하겠어요. 까다롭다고 뒤에서 욕할 거 같기도 하고 또 도둑이 제 발 저린다고 제가 먹는 게 불편하니까 더 찔려서 말이 안 나오네요.

100

치료자   그럼 뷔페가 아닌 일반 식당에서 사람들과 식사하는 건 어떤가요?

내담자   불편하죠. 그 자리에서는 폭식하지 않지만 먹는 게 편안하지 않아 곧바로 화장실에 가서 구토를 해요. 혹시나 폭식증이 있다는 것을 들킬까 봐 평상시 먹기 힘든 메뉴도 거절하지 못하고 그냥 참고 먹는 편이거든요. 참고 먹고는 화장실에 가서 토하는 거죠. 먹는 양도 평소보다 많아서 그러다 보면 꼭 '망했다'는 생각이 들고, 결국 집에 돌아가는 길에 빵을 왕창 사서 먹고 토해요. 사람들과 같이 식사하는 게 너무 불편해요.

폭식과 대인관계는 어떤 관련이 있을까요? 주로 혼자일 때 폭식을 하나요? 아니면 다른 사람들과 함께 있을 때 폭식을 하나요? 자기관찰일지를 쓰면서 대인관계가 폭식에 많은 영향을 끼친다는 사실을 눈치채셨나요?

'돈가스는 먹기 싫은데 내가 싫다고 하면 상대방이 싫어하겠지?' '너무 빨리 먹네. 나 혼자 늦게 먹고 있으면 눈치 보이니까, 나도 빨리 먹어야겠다.' '절대 배부르게 먹으면 안 돼. 조심하자! 상대방이 눈치 못 채게 조금씩 먹자.' '뚱뚱한 내가 1인분을 다 먹으면, 그러니까 살이 쪘다고 하겠지?' '잘 먹는데 살 안 찌는 여자가 매력적으로 보이니까 잘 먹는 모습을 보이자.' '어차피 이따 남자친구랑 데이트하면 많이 먹을 테니까 점심은 굶자.'

가족, 친구, 연인, 동료 등등 인간관계 때문에 생기는 폭식의 이유는 개인마다 다를 것입니다. 그렇지만 공통적인 부분은 바로 타인과 음식을 먹을 때 내가 과도하게 눈치를 본다는 점입니다. 눈치를 보니 당연히 식사가 불편할 수밖에 없고 그러니 함께 있을 때 폭식하지 않더라도 만나고 돌아오는 길이나 집에 돌아와서 폭식과 구토를 하게 됩니다.

그러나 보통은 폭식증 때문에 눈치를 많이 보게 됐다기보다 전부터 '다른 사람이 날 어떻게 생각할까?'라는 물음에 자신을 가둬놓고 지냈을 가능성이 높습니다. 당신의 평소 대인관계는 어떠했나요? 사람들에게 무조건 맞춰주며 눈치를 많이 보는 편이었나요?

 함께해볼까요?

어디서나 당당하게 먹어요

아래의 물음에 답하며, 나의 평소 대인관계가 어떠했는지 그리고 그것이 어떻게 폭식증에 영향을 주었는지 돌아봅니다.

다른 사람들 앞에서는 먹는 행위 자체가 부끄러워 조절하게 되나요?

~~~~~~

~~~~~~

다른 사람들과 같이 식사할 때 무엇이 가장 신경 쓰이나요?

~~~~~~

당신이 맺은 대인관계의 특징은 어떠한가요? 눈치를 많이 보는 편인가요?

가족을 포함하여 어떤 사회적 관계가 나의 폭식과 구토에 가장 많은 영향을 끼치나요?

책 속의 상담실

식사 약속이 잡히면 이것저것 신경 쓰이는 것이 너무 많습니다. 부은 얼굴, 몸 상태, 식사 메뉴 등등. 그래서 약속이 끝나면 집에 와서 혼자 폭식을 해요. 차라리 아예 사람들을 만나지 않는 것이 좋을까요?

다른 사람과 밥을 먹는 것이 폭식에 영향을 준다고 해서 사회적 관계를 극단적으로 끊어버리는 것은 좋은 방법이 아닙니다. 너무 불편할 때는 식사 시간을 피해서 만나도 되고, 또는 나를 지지해주는 가장 편안한 사람에게 솔직히 털어놓고 의논해보는 것도 도움이 될 것입니다.

스트레스와
폭식의 관계

치료자　최근 폭식이 더 심해졌네요. 따로 스트레스받는 일이 있나요?

내담자　아무래도 시험 스트레스 때문에 그런 것 같아요. 이번에 준비하는 시험에서 떨어지면 제 미래가 진짜 암담하거든요. 집에서 제가 공부하고 있는 걸 못마땅하게 여기는데 이번에 붙는다는 보장이 없으니까요. 자꾸 안 될 것 같다는 생각이 들고 초조해지니까 먹게 되고 그러다 보면 폭식하게 돼서 너무 괴롭네요.

치료자　그럼 폭식할 때만 빼고 평상시에 계속 시험에 떨어질 것 같다는 생각을 하는 건가요?

내담자　네, 주로 그렇죠.

치료자　시험에 떨어질 것 같다는 생각을 계속하는 것이 현재 나에게 어떤 영향을 준다고 생각하나요?

내담자 더 잘해야 한다는 스트레스가 공부에 집중을 못 하게 만드는 것 같아요. 그런데 폭식할 때는 그런 생각을 안 하니까요. 그래서 자꾸 음식을 찾게 되나 봐요.

치료자 그럼 폭식 대신 다른 활동을 찾아보면 어떨까요?

내담자 아, 그게 노력을 해보긴 하겠지만 다른 건 음식만큼 강렬하지 않아서요.

가족 간의 갈등, 직장 내 스트레스 등으로 과하게 스트레스를 받으면 일시적인 해결책으로 음식을 찾는 경우가 많습니다. 특히 스트레스를 받았을 때 단 음식을 찾곤 하는데, 단 음식은 기분을 좋게 해주는 세로토닌 호르몬 분비를 촉진해 실제로 스트레스가 완화되는 느낌을 줍니다. 타인에게 의존하지 않고도 스트레스를 즉각 해결할 수 있으니 단 음식을 찾기 마련이지요. 후회할 것을 알면서도 초콜릿, 과자, 빵 등을 폭식합니다. 폭식만큼 자극적이고 즉각적인 대체활동을 찾는 것이 쉽지 않습니다.

그러나 폭식은 일시적으로 스트레스를 감소시켜줄 수는 있지만 진정한 해결책이 될 순 없습니다. 오히려 문제를 회피하게 하고 스스로 문제를 해결할 수 없다는 무력감과 두려움을 증폭시킵니다. 폭식이 조절되지 않아 힘들겠지만 스트레스와 폭식이 서로 공생관계에 있다는 것을 잊지 마세요. 당장 이 음식을 먹네, 마네 하며 음식과 싸우기보다는 나에게 스트레스를 주고 있는 문제를 직시하고 지금 내가 해야 할 노력과 마음가짐을 진지하게 생각해보세요. 결과적으로 이 방법이 나의 근본 문제를 해결하고, 주체적으로 스트레스를 통제할 수 있게 할 것입니다.

 함께해볼까요?

스트레스를 폭식으로 풀지 않기

만약 내가 걱정하고 노력해도 해결할 수 없는 수준의 스트레스라면 과도한 생각으로부터 벗어나세요. 그렇게 하려면 내가 바꿀 수 있는 문제인지 노력해도 바꿀 수 없는 문제인지 구별할 수 있어야 하겠죠. 예를 들어 앞의 사례에서 봤듯이 시험에 대한 불안은 내가 아무리 걱정한다 해도 갑자기 해결되는 문제가 아닙니다. 그럴 때에는 불안과 부정적인 생각에 끌려가지 않으려는 노력이 필요합니다. 내가 지킬 수 있는 하루 공부 목표를 세우고, 그것을 지켜나가는 성공 경험을 쌓으면 불안을 잠재울 수 있습니다. 이런 시도가 문제를 회피하지 않고 현실에서 내가 할 수 있는 부분을 해내는 것이라고 할 수 있습니다.

현재 폭식으로 연결되는 스트레스가 있다면 어떤 것인지 적어봅니다.

스트레스 때문에 폭식을 하게 되었다면 나에게 폭식이 주는 장점은 무엇이 있을까요?

~~~~~~

~~~~~~

~~~~~~

폭식을 하고 난 뒤에 느낌은 어떠했나요?

~~~~~~

~~~~~~

~~~~~~

스트레스를 해결하기 위해 지금 내가 할 수 있는 노력에는 무엇이 있나요?

~~~~~~

~~~~~~

~~~~~~

머리로는 분명히 스트레스 때문에 폭식한다는 것을 알고 있는
데 제어가 잘 안 돼요.

스트레스를 가장 빠르고 손쉽게 해소할 수 있는 것이 폭식입니다.
스트레스가 생길 때마다 폭식을 했던 사람의 경우 폭식을 제어하는
것이 쉽지 않습니다. 왜냐하면 뇌 속에 이미 '스트레스 → 폭식' 회
로가 생겼기 때문입니다. 그러나 이것을 인지하고 폭식을 하지 않으
려 노력하는 것과 모르고 자동반사적으로 폭식하는 것은 천지 차이
입니다. '폭식을 했다'라는 결과는 같더라도 한번 멈춰 서서 다른 활
동을 해보려고 노력하는 것이 이미 회복의 시작입니다.

술과
폭식의 관계

치료자 평소에는 식사원칙을 잘 지키는데 술을 마시면 꼭 폭식과 구토를 하네요.

내담자 네, 술만 먹으면 꼭 폭식과 구토를 하게 돼요. 저녁에 술 약속이 있으면 어차피 안주를 많이 먹을 테니까 점심을 좀 적게 먹거든요. 그러면 술자리에서 많이 먹게 되고 결국 구토까지 하는 것 같아요.

치료자 그럼 술 마실 일이 있을 때에는 규칙적인 식사에 조금 더 신경을 쓰면 어떨까요?

내담자 폭식하지 않으려고 아침, 점심 다 잘 챙겨 먹은 날에도 술이 들어가면 조절이 안 되는 건 마찬가지던데요? 물론 점심을 적게 먹은 날보다는 좀 덜하긴 해도요. '적당히 먹어야지' 이런 조절이 잘 안 돼요.

폭식하고 토하고 그것도 부족해서 집에 들어가는 길에 또 음식을 잔뜩 사서 2차 폭식, 2차 구토로 이어질 때도 있어요.

치료자 술을 마시면 평상시에는 폭식하면 안 된다고 제어해왔던 것들이 전부 풀려서 더 심하게 나올 수 있어요.

내담자 네, 맞아요! 그러고 보니 술 핑계 대고 그간 못 먹었던 기름진 것들을 잔뜩 시켜서 먹었네요. 그런데 다음 날 깨면 속도 안 좋고 '내가 왜 또 그랬지?' 하고 자책을 하게 돼요.

술과 폭식은 어떤 연관이 있을까요? 술을 마시면 폭식으로 이어진다는 것을 잘 알면서도 왜 알코올중독자처럼 술을 끊지 못할까요? 단순히 술자리가 좋아서 마시다 보니 폭식으로 이어졌다면 술을 피하면 될 일입니다. 그런데 폭식을 자주 하는 사람이 술을 찾는 데에는 다른 이유가 있을 수 있습니다. 대표적으로 솔직한 감정을 표현할 수 있어 자꾸만 술자리에 가게 되는 경우입니다. 평상시에는 감정 표현을 잘 못 하다가 술이 들어가면, 자기 방어가 풀어져서 감정 표현이 쉬워집니다. 내 안의 부정적인 감정-죄책감, 수치심, 두려움, 고통, 외로움 등-이 일시적으로 진정되는 느낌이 들어 술을 더 찾게 되는 것이죠.

술은 중추신경계 억제물질로 뇌기능을 억제하여 기억, 판단, 주의, 집중 등의 사고기능과 운동기능, 언어기능, 감정조절기능, 통제조절기능을 약화시킵니다. 술을 마시면 통제력이 저하되기 때문에 음식에 대한 통제력 역시 무너집니다. 평소 음식을 제한했던 고삐가 풀려버리는 것이지요. 게다가 간에서 알코올을 분해할 때 혈당이 소모되기 때문에 음식을 더 원하게 됩니다. 이유가 어찌 됐든 결과적으로 술은 그동안 억압했던 감정, 생각, 식이제한을 몽땅 풀어버려 내 자신을 통제할 수 없는 상황으로 만듭니다.

 함께해볼까요?

당분간은 술을 조심합니다

폭식을 치료하는 동안 안정적인 식사 습관을 회복할 때까지는 가급적 술을 마시지 않는 편이 좋습니다. '이번에는 괜찮을 거야, 조절할 수 있을 거야'라는 생각으로 폭식할 수 있는 환경을 미리 차단하더라도 술을 마시면 절제하기 어렵습니다. 의지의 문제가 아니라 뇌의 문제입니다.

술과 관련된 폭식의 경험이 있다면 적어보세요.

~~~~~~

~~~~~~

~~~~~~

술을 마시기 전 의도적으로 식사량을 조절했나요?

~~~~~~

~~~~~~

술을 마실 때 감정을 솔직하게 표현할 수 있나요? 술을 마시지 않을 때의 내 모습과 비교해보세요.

술을 마실 때 평소에 내가 잘 안 먹던 음식을 많이 먹게 되나요? 술을 핑계 삼아 제한했던 음식을 먹게 되나요?

모든 것을 종합해볼 때 나는 술을 마시면서 무엇을 얻고 있나요?

피할 수 없는 회식이나 술자리는 어떻게 하나요?

피할 수 없는 술자리라면 사전에 만반의 준비를 하는 것이 좋습니다. 회식 전 간단하게 간식을 먹어서 배고프지 않게 만들고 정말 먹고 싶은 음식이 나온다면 '마인드풀 이팅'을 해보세요.

만취 상태가 되면 '이왕 이렇게 됐으니 끝장을 보자'며 2차 폭식으로 이어질 수 있으니 반드시 주량을 조절합니다.

배고픔과
마음고픔 구별하기

치료자   자기관찰일지를 보니 이제 '배고픔으로 인한 폭식'과 '마음고픔으로 인한 폭식'을 구별하네요. 폭식했던 이유를 이렇게 잘 분석하다니 놀라운데요?

내담자   그런가요? 세 끼를 다 챙겨 먹었더니 점점 신체적 배고픔과 기분 좋은 포만감이 무엇인지 찾을 수 있었어요. 신체감각에 집중했더니 '배가 고프지 않은데 감정 때문에 뭔가 먹고 싶은 거구나' 하고 구별이 되더라고요.

치료자   그렇군요. 신체감각에 먼저 집중한다는 것은 그동안 타인에게 향했던 시선을 나에게 돌리는 기본 중의 기본입니다. 내 배가 지금 어떤 상태인지 관찰하다 보면 자연스럽게 지금 내 감정이 어떤지도 알게 될 것입니다. 일단 구분할 수 있으려면 규칙적인 식사가 굉장히 중요합니다. 정말 잘하셨어요. 그런데 주로 어떨 때 정서적 배고픔을 느끼셨나요?

내담자 관찰을 해보니 밥을 잘 먹었어도 집에 혼자 있으면 외로움을 느끼더라고요. 친구들하고 있다가 자취방에 혼자 들어가면 너무 외로웠어요. 그럼 배가 부른데도 자연스럽게 TV를 켜고 음식에 손을 대더라고요.

4가지 식사원칙을 잘 지켜서 먹다 보면 '배고픔으로 인한 폭식'이 안정됩니다. 이 말은 배고픔과 배부름을 조절하는 식이중추가 안정된다는 뜻입니다. 자기 자신을 바라보는 자각능력이 되살아나는 것이지요. 지금 내가 하는 폭식이 '배고픔으로 인한 폭식'인지, '마음고픔(감정)으로 인한 폭식'인지를 구별할 수 있는 힘이 생깁니다. 이 두 가지를 잘 구별할 수 있어야 내 현재 상태를 명확히 알고, 그에 맞는 대책을 세울 수 있습니다. 이렇게 자각능력을 회복하면 더 이상 음식에 끌려가는 것이 아니라 자신이 주체가 되어 폭식을 통제할 수 있습니다.

신체적 배고픔과 정서적 배고픔을 더 명확하게 구별할 수 있는 간단한 팁을 알려드리겠습니다. 마음이 고픈 상태를 알아보는 단서는 첫째, 최근 불쾌한 감정을 인지한 적이 있었는지 그리고 그 감정을 다루려고 음식을 먹은 적이 있었는지의 여부입니다. 두 번째 단서는 균형 잡힌 식사를 한 지 2시간 이내에 다시 음식을 먹고 싶다는 욕구가 생기는 경우입니다.

사람의 몸은 기본적으로 세 끼 식사가 이뤄질 때 배고픔과 배부름에 관한 신호를 정상적으로 내보낼 수 있습니다. 몸은 다음 식사를 하기 전에 신체적 배고픔을 먼저 느끼게 합니다. 이를 제외한 다른 배고픔의 신호들은 정서적인 배고픔으로 구별할 수 있습니다.

 함께해볼까요?

마음이 고플 때를 알아차리기

신체적 배고픔과 정서적 배고픔에는 아래와 같은 차이가 있습니다.

신체적 배고픔 : 신체적 배고픔의 신호는 정서적인 배고픔과 매우 다릅니다. 신체적 배고픔의 신호는 대부분 다음과 같이 표현됩니다.
위가 꼬르륵거림
위가 비었다는 느낌
두통
현기증
피곤

정서적 배고픔 : 정서적 배고픔은 감정에 기초하므로 신체적 배고픔과는 다른 느낌입니다.
우울

불안

지루함

외로움

슬픔

화남(노여움)

욕구불만

내부적인 공허함

성공적인 경험에 대한 보상

자기 처벌로서의 기능

음식에 대한 강박적인 생각

부정적인 바디이미지body image에 대한 압도적인 생각

오늘 하루 동안 신체적 배고픔과 정서적 배고픔을 관찰해봅니다. 정서적 배고픔을 느꼈다면 주로 어떤 감정일 때 느껴졌는지, 그때의 상황과 생각, 감정을 자세히 적어보세요.

~~~~~~

~~~~~~

~~~~~~

~~~~~~

~~~~~~

~~~~~~

3주 차를 끝내며

　　3주 차를 마무리하며, 나의 폭식이 어디에서 촉발되는지 구별할 수 있나요? 개인에 따라 취약한 요인이 다를 것입니다. 중요한 것은 내가 얼마나 완벽하게 폭식을 조절하고 있느냐가 아니라 나의 현주소가 어디에 있는지를 스스로 정확하게 인식하고 노력하려는 자세입니다.

　　한 주를 돌아보며 어떤 부분이 아직 어려운지 점검해보세요. 4가지 식사 원칙을 지키는 것이 힘들어서 '배고픔으로 인한 폭식'이 나오는지, 아니면 멈춰지지 않는 부정적인 감정과 생각에서 '마음고픔(감정)으로 인한 폭식'이 나오는지, 또는 사회적인 관계나 여러 스트레스로 인해 '스트레스성 폭식'이 생기는지를 정리해보는 것입니다. 다른 것은 괜찮지만 술의 유혹을 이기는 것이 힘들다면 왜 그런지 그 이유도 적어보세요.

한 주를 돌아보며 체크해봅니다.

긍정적인 변화가 있었다면 무엇인가요?

~~~~~~

~~~~~~

~~~~~~

한 주를 돌아보며 가장 어려웠던 부분을 체크해봅니다.

- 4가지 식사원칙
- 폭식을 유발하는 내 안의 감정과 생각
- 사회적 관계로 인한 폭식
- 스트레스로 인한 폭식
- 술로 인한 폭식
- 신체적 배고픔과 정서적 배고픔 구별하기

왜 그것을 실행하기 어려웠나요?

~~~~~~

~~~~~~

~~~~~~

~~~~~~

폭식증과 완벽주의,
적당히 완벽하게?

　다이어트에 계속 실패하다 결국 폭식증을 앓는 사람들은 의지가 약해서, 잘 참지 못해서, 라며 자기 자신을 자책하는 경향이 있는데, 사실 전혀 그렇지 않습니다. 오히려 다이어트를 잘한다는 것은 의지를 갖고 자신의 신체에서 자연스럽게 일어나는 내부감각을 잘 참는다는 것을 의미합니다. 실제로 거식증 또는 폭식증이 있는 사람은 배고픔은 물론이고 슬픔, 외로움 같은 감정도 잘 참고 심지어는 신체적 통증까지도 잘 참는 경향이 있습니다. 그런데 너무 과도하게 참다 보니까 역효과로 폭식이 터져 나오는 것이죠. 마치 용수철이 억눌리면 더 강하게 솟구쳐오르는 것처럼 말이죠. 그러니까 폭식을 하는 것은 절대로 의지가 약하거나 식욕을 참지 못해서가 아닙니다. 너무 높은 목표치를 정하고 너무 엄격한 다이어트를 하기 때문에 결국 억눌리고 억눌린 식욕이 터져 나오는 현상입니다.

　• 칼로리가 높은 나쁜 음식은 절대로 먹지 않기
　• 저녁 6시 이후에는 절대로 음식을 먹지 않기

- 친구들과 먹을 때는 누구보다도 적게 먹기
- 하루에 밥은 한 끼만 먹기
- 하루 1,000kcal 미만으로 먹기

이런 엄격한 다이어트 원칙은 결국 시간이 지나면 폭식을 유발시킬 수밖에 없습니다. 사실 엄격한 다이어트를 하게 되는 밑바탕에는 지나친 완벽주의라는 문제가 숨겨져 있는 경우가 많습니다. 물론 완벽주의는 세상에서 살아남기 위해 어느 정도 필요한 요소이기는 합니다. 절대 나쁜 것만은 아니죠.

미리미리 준비하기, 끝까지 정확히 마무리하기, 귀찮아도 참고 매일매일 하기, 단 한 번의 실수도 용납하지 않기 위해 연습 반복하기, 다른 사람들에게 대단하다는 평가 듣기, 최고가 되기 위해 남들보다 더 노력하기, 목표에 도달하자마자 더 높은 목표를 추구하기 같은 마음가짐으로 세상을 살아간다면 분명 원하는 것을 얻을 확률이 높아지고 성취감도 더 많이 느끼게 될 것입니다.

그런데 만약 당신이 완벽주의 원칙에 지나치게 집착할 경우 다음과 같은 두 가지 부작용이 생겨날 수 있습니다. 하나는 너무 성취 지향적으로 살다 보니 삶의 잔잔한 즐거움, 여유로움과 편안함, 친밀한 인간관계 같은 중요한 영역이 삶에서 점점 축소된다는 점입니다. 또 하나는 결국 언젠가 완벽주의 원칙을 지키지 못하게 되었을 때 지나치게 자책하고 아예 자포자기하게 된다는 점입니다. 완벽주의적인 사고방식의 특징 중 하나가 "전부 아니면 아무것도 아닌""흑백논리"입니다. 분명히 완벽주의에는 미덕이 많지만 그럼에도 지나친 완벽주의로 인해 점점 더 지쳐가고 점점 더 자신감을 잃어가게 될 것입니다.

많은 완벽주의자가 목표 기준을 약간 낮추고, 완벽주의를 살짝 느슨하게 풀지 못하는 이유는 그렇게 하면 인생이 완전 실패한다는 부정적인 믿음을 강하게 가지고 있기 때문입니다. 아마도 그러한 부정적인 믿음은 살아오는 동안 다양한 경험(부모에게 받은 성공에 대한 압박, 완벽하지 않았을 때 받은 창피하고 수치스러운 기억, 다른 사람과 비교당한 경험, 주변 친구들에게 무시당한 기억 등등)을 겪어오며 여러 차례 강화되었을 것입니다. 이런 부정적인 경험들로 인해 완벽주의라는 방어체계가 지나치게 강화되면서 점점 더 완고해지고 비합리적인 성향을 갖게 되었던 것이죠.

장기적인 안목으로 보면 합리적 완벽주의가 악착같은 완벽주의보다 살아가는 데 훨씬 효율적일 수 있습니다. 마라톤을 끝까지 완주하려면 분명 천천히 호흡을 고르며 달려야 하는 구간이 필요한 것처럼 말이죠. 이를 악물고 100m 달리기 하는 것처럼 숨넘어갈 듯이 뛰다가 중도에 달리기를 포기하는 것보다는 중간중간 70~80%의 에너지만 쓰면서 호흡을 가다듬는 것이 마라톤을 완주하는 방법입니다. 합리적 완벽주의자가 되려면 삶의 여러 영역에 얼마나 완벽주의가 침투해 있는지, 특히 다이어트 원칙을 완벽주의가 얼마나 엄격하게 지배하고 있는지, 어떤 자극을 받을 때 완벽주의가 더욱 발동되는지를 잘 파악하고 인식하는 것이 필요합니다. 그리고 완벽주의가 발동될 때마다 자신의 악착같은 완벽주의가 가져올 이익과 손해를 한

번 잘 따져보십시오. 아마 생각보다 손해가 훨씬 더 클 것입니다.

이러한 손해를 줄이려면 적당히 합리적인 완벽주의를 선택해야 한다는 사실을 잊지 마십시오. 아주 잘하다가, 아주 못했다가를 반복할 것이 아니라, 꾸준히 오랫동안 잘하는 방법을 습득해야 합니다.

4주 차

나만의
대체활동을
찾아요

진정한 아름다움은
머리카락 색이나 눈동자의 색과
관련이 없습니다.
진정한 아름다움은
인간으로서 당신이 어떤 사람이며
당신의 원칙과 윤리 기준이
무엇인지와 관련이 있습니다.
_ 엘런 디제너러스

"이제 어느 정도 배고픔과 배부름이 잘 느껴져요. 적당한 양도 감이 잘 안 왔었는데 신체감각에 자꾸 집중하다 보니 어떻게 먹어야 내 몸에 맞는지 알 수 있겠더라고요. 세 끼를 잘 챙겨서 먹다 보니 '배고픔으로 인한 폭식'과 '마음고픔으로 인한 폭식'이 어떻게 다른지 구별할 수도 있게 됐어요.

스스로를 관찰해보니 가족들이 없고 집에 혼자 있을 때 꼭 폭식을 하고 싶더라고요. 밥을 배부르게 먹었는데도 말이죠. 예전 같았으면 아무 생각 없이 폭식을 해버렸겠지만 지금은 달라요.

위험하다는 걸 스스로 인지하고 있으니까 집에 도저히 있기 힘들 때에는 카페에 가서 컬러링북을 한다든지, 나가기 싫으면 집에서 뜨개질을 한다든지 해요. 음악을 틀어놓고 춤추기도 하고요. 일단 그 시간에 제가 외롭거나 심심해서 폭식을 한다는 걸 알게 돼서 집중할 만한 다른 활동을 하고 있어요. 그러다 보니 예전보다 폭식하는 횟수가 훨씬 줄었어요."

1~3주 차에는 '배고픔으로 인한 폭식'을 막기 위한 방법들을 배우고 관계나 상황에서 나를 자극하는 폭식 촉발 요인이 무엇인지 찾아보는 내용을 다뤘습니다.

4가지 식사원칙을 잘 지켰다면 '배고픔으로 인한 폭식'보다는 부정적인 감정이나 생각, 스트레스에 의해 생기는 '마음고픔(감정)으로 인한 폭식'과 '스트레스성 폭식'을 이겨내는 일이 더 어렵다는 것을 구별하기 시작했을 것입니다.

4주 차에서는 복잡한 내면의 생각이나 감정을 느끼지 않기 위해 '폭식'이라는 방법을 사용하는 대신에 다른 건강한 대체활동을 찾아보고 적용해보는 것을 중점적으로 다루도록 하겠습니다.

처음에는 대체활동이 잘 와닿지 않고 실행하기 어려울 수 있습니다. 그렇지만 계속하다 보면 대체활동을 상황에 맞게 적용하는 데 익숙해질 것입니다. 나에게 어떤 대체활동이 효과적인지는 스스로 해보아야 알 수 있습니다. 또 상황에 맞춰 다양하게 적용할 수 있기 때문에 최대한 이것저것 많이 찾아보고 해보는 게 좋습니다. 4주 차에 소개할 대체활동 목록 외에도 나만의 대체활동을 찾아보고 적용해보세요.

또한 지난 3주간 배운 내용을 정리하며 아직 힘들고 고치기 어려운 부분이 무엇인지도 살펴볼 것입니다. 그동안 배운 내용을 익히는 속도는 개인마다 다릅니다. 혹 자신이 원하는 속도대로 되지 않는다고 스스로를 탓하는 사람이 있다면 조급함을 내려놓으라고 당부하고 싶습니다. 너무도 익숙하고 절박했던 식사패턴을 바꾸는 것이니 당연히 어려울 수밖에 없으니까요. 이제 폭식을 대신할 대체활동을 하나씩 살펴보며 건강한 식사 습관이 생활에 깊이 뿌리내릴 수 있도록 단단히 기반을 다지는 작업을 시작하겠습니다.

대체활동 처방:
관심 돌리기

음식에 대한 생각이나 나 자신에 대한 부정적인 생각이 끝도 없이 들 때 잠시 다른 행동에 집중하는 것은 감정에 휘둘리지 않고 좀 더 이성적으로 대처할 수 있도록 도와줍니다. 특히 내가 피하고 싶은 부정적인 감정이나 스트레스가 강하게 작용할 때에는 폭식의 충동 또한 더 강하게 일어날 수 있습니다. 폭식을 통해서 현재의 고통을 회피하려는 것이지요.

'관심 돌리기'는 폭식 같은 회피행동이 아닙니다. 잠시 다른 활동으로 관심을 돌림으로써 고통스러운 감정을 진정시킬 시간적 여유를 주는 것입니다. 그렇게 함으로써 감정은 진정되고 폭식은 조절될 수 있습니다.

아래 목록을 참고하여 관심을 돌려보세요. 폭식 충동이 진정되는 효과를 볼 수 있을 것입니다.

1. Activities: 활동하기

　운동하기

　청소하기

　나만의 십팔번 노래 부르기

　친구에게 전화를 걸거나 친구 집 방문하기

　영화 보기

　나만의 액세서리 만들어보기

　양초, 퀼트, 비누 공예 등 창조적인 작업하기

　차 담그기

　애완동물 키우기

　뜨개질하기

　식물 가꾸기

　캘리그래피

　퍼즐 맞추기

2. Contributing: 기여하기

　자원봉사하기

　지인들에게 선물하기

3. Comparison: 비교하기

　같은 문제를 겪고 있는 사람 중 나보다 못한 사람과 비교하기

　나보다 더 불행한 사람과 비교하기

재난에 관한 글이나 고통받고 있는 사람에 대한 글 읽기

4. Emotions: 정반대 감정 만들기

감동적인 책이나 글 읽기

옛날 편지 꺼내 읽기

재미와 감동을 주는 음악이나 영화 감상하기 (예: 재미있는 글, 코미디, 재미있는 음악, 종교음악, 행진곡 등)

5. Pushing away: 밀쳐내기

잠시 동안 힘든 상황에서 벗어나 보기 (예: 산책, 여행, 옥상 갔다 오기 등)

상황에서 정신적으로 떠나기 (예: 감정을 상자에 넣고 선반 위에 올려두는 모습을 이미지화하기)

나와 특정한 상황 사이에 상상의 벽 만들기

마음속에서 상황이 떠오르는 것을 막기

골몰하는 것을 그만두기

상황의 고통스러운 측면에 대해 생각하는 것을 거부하기

고통스러운 것을 한쪽 귀퉁이에 몰아두기 (예: 고통스럽다고 생각하는 것을 마음속 책장에 놓아두거나 마음속 상자에 잠시 동안 넣어두기)

6. Thoughts: 생각

열까지 세어보기

그림이나 나무, 창문 등을 보며 색깔을 세어보기

독서하기

7. Sensations: 감각

손에 차가운 얼음을 올려놓기
뜨뜻한 물로 샤워하기
음악을 시끄럽게 틀어놓고 듣기
손목에 고무줄을 걸고 당기기

• 나만의 대체활동을 찾아요 •

관심을 돌려 폭식에 대한 생각을 잠재우는 대체활동 중에 나에게 잘 맞
는 방법을 찾아봅니다. 마음에 드는 몇 가지를 골라 실제로 해보세요. 어떤
사람은 감각적인 방법이 더 효과적일 수 있고 어떤 사람은 비교하는 방법
이 더 효과적일 수 있습니다.

나에게 맞는 대체활동

대체활동 처방:
지금 이 순간에 변화를 주기

　　힘든 순간, 음식이라는 도피처를 찾기보다 다양한 방식으로 '변화'를 주어 그 시간을 이겨낼 수 있습니다. 아래의 방법을 따라하며 지금 이 순간에 변화를 줘보세요. 지난주의 대체활동이 관심을 다른 곳으로 돌리는 단순한 활동이었다면 이번 주에 해볼 대체활동은 이성과 감성을 사용해야 하는 좀 더 적극적인 방법입니다.

1. Imagery: 상상하기

마음을 편안하게 하는 풍경을 상상하기

마음속에 있는 비밀의 방을 떠올리고 그 방이 어떻게 장식되어 있는지 상상해보기 → 위협적으로 느껴지거나 마음에 상처를 주는 것이

있으면 그 방에 남겨두고 문을 닫고 나오는 모습을 상상하기

모든 것을 잘 극복할 수 있다고 상상하기

아름답고 평화로운 상상의 세계를 만들고 그 안에 마음을 담그기

부정적인 감정이 하수구로 빠져나가는 모습을 상상하기

2. Meaning: 의미 만들기

고통 속에서 목적과 의미, 가치를 찾아내거나 만들기

영성에 관한 것을 듣거나 읽고 기억해내기

고통스러운 상황에서도 긍정적인 측면을 찾아내기

고통스러운 상황을 피할 수 없다면 차라리 그 고통을 즐겨보기

3. Prayer: 기도하기

초월적 존재, 하나님 혹은 나의 지혜로운 마음 상태에 마음 열기

고통스러운 순간을 견뎌낼 수 있는 힘을 달라고 기도하기

하나님이나 초월적인 존재에게 모든 것을 맡기기

4. Relaxation: 이완하기

긴장된 주요 근육을 풀어주기(근육이완기법), 손부터 시작해서 팔, 가슴,
복부, 다리, 얼굴, 머리까지 신체의 모든 부분을 느껴보고 긴장된 곳을
풀어주기

근육이완법 강의 듣기

땀이 날 정도로 운동하기

따뜻한 물로 목욕하기

목과 머리 부분, 종아리와 발 마사지하기

욕조에 찬물이나 따뜻한 물을 채워두고 그 안에 들어가 미지근해질

때까지 앉아 있기

숨을 깊이 들이쉬기

살짝 미소 짓기

얼굴 표정 바꿔보기

5. One thing in the moment: 한 번에 한 가지 일만 하기

지금 하고 있는 일에 모든 주의를 집중하기

나를 지금 이 순간에 몰입시키기

마음을 미래와 과거가 아닌 현재에 두기

육체적 감각에 모든 주의를 집중하기 (예: 걸을 때, 씻을 때, 설거지할 때, 청

소할 때 등등 모든 활동에 적용 가능)

일을 할 때 몸이 어떻게 움직이는지 하나하나 자각하기

6. Vacation: 휴가 가기

잠시라도 휴식을 취하기

20분 동안 침대에 들어가 이불을 머리끝까지 덮고 있기

하루나 이틀 해변가 혹은 조용한 곳에 있는 숙소에 머무르기

공원에 자리를 펴고 오후 내내 머무르기

힘든 일을 하는 중에 1시간 동안 휴식하기

7. Encouragement: 격려하기

스스로 응원하기

"나는 이것을 참을 수 있어."

"조금만 참으면 이 고통이 지나갈 거야."

"나는 반드시 이루고 말 거야."

"나는 최선을 다하고 있어."

• 나만의 대체활동을 찾아요 •

이번 주 대체활동 방법 중 나에게 가장 잘 맞는 활동은 무엇이었나요? 아래에 적어보고, 폭식의 욕구가 찾아올 때 바로 실행할 수 있도록 눈에 띄는 곳에 적어서 붙여놓으세요.

나에게 맞는 대체활동

대체활동 처방:
명상하기

    명상은 잘 알려진 것처럼 우리 마음을 맑게 해줍니다. 온통 먹을 생각으로 가득 차 있어도 괜찮습니다. 명상은 현재 내가 어떤 감정이나 상황을 피하기 위해 폭식 욕구를 느끼고 있는지를 알아차리게 합니다.

  스트레스를 받으면 우리 몸은 투쟁도주반응(위기상황 시 싸울 것이냐, 도망칠 것이냐를 순간적으로 결정하는 반응)이 나타나 심장박동이 빨라지고 아드레날린 분비가 증가합니다. 소화가 느려지고 혈관이 수축되며 호흡이 빨라집니다. 반면 명상은 그 반대 반응으로, 이완을 이끌어내어 스트레스를 진정시키는 효과가 있습니다. 처음에는 낯설고 지루할 수 있지만 계속해서 연습하다 보면 불안이 많이 해소된 자신을 발견할 수 있습니다. 명상이 특히 좋은 이유는 돈이 들지 않고, 어디서든 할 수 있으며 방법이 쉽기 때문입니다.

한 가지 주의해야 할 점은 명상을 할 때 떠오르는 모든 생각이나 감정, 신체감각들을 판단하거나 바꾸려 해서는 안 된다는 것입니다. 있는 그대로의 나를 인정하면서 '내가 이런 상태에 있구나, 이런 생각을 갖고 있구나, 이런 감정을 느끼고 있구나'라고 바라보면 됩니다.

명상의 종류는 이 책에 정리된 것 외에도 여러 가지가 있습니다. 자신에게 맞는 방법을 찾아보세요.

1. 집중 명상

모든 신경을 하나에 집중합니다. 이미지, 물체, 어느 것이든 상관없습니다. 조용히 자리에 앉아 물체나 이미지에 주의를 집중합니다. 바라보는 것의 모습을 마음속으로 묘사합니다. 물체의 한 부분이나 촛불의 끝 같은 세부적인 부분에 집중하면 도움이 됩니다. 벽에 걸려 있는 액자 속 사진도 괜찮습니다. 음식이 생각나면 생각 자체는 인정하되 다시 바라보는 것에 초점을 맞춥니다.

2. 호흡 명상

안 좋은 생각이나 폭식에 대한 강한 욕구가 올라올 때 자신의 신체를 이용해 가장 쉽게 할 수 있는 명상입니다. 방법은 단순합니다. 다른 생각으로 주의가 분산될 때, 다시 호흡의 팽창과 수축에 집중하는 것입니다.

호흡이 신체의 어느 부위에서 느껴지는지 찾아보고 호흡에 하나, 둘 숫자를 세며 들숨과 날숨에 집중합니다.

수많은 생각과 감정이 지나가는 것을 판단하지 않고 흘러가도록 두며 계속 호흡에 집중하다 보면 처음 느꼈던 강한 충동이 줄어드는 것을 경험할 수 있습니다.

3. 자애 명상

우리는 자기 자신에게 엄격한 기준을 적용합니다. 예를 들어 길거리를 지나가는 마른 여성을 봤다거나 내가 세운 다이어트 계획을 지키지 못했다거나 좀처럼 나아질 것 같지 않은 나 자신을 봤을 때 자기를 쉽게 비판합니다. 자애 명상은 나 자신과 타인에 대한 유대감을 강화하고 자애와 연민의 마음을 증가시켜 부정적인 마음을 긍정적으로 바꾸는 데 도움을 줍니다.

1. 자리에 편안하게 앉습니다. 마음을 조용히 가라앉힙니다.
2. 다음의 말들을 마음속으로 반복합니다. 소리 내서 말하는 편이 좋다면 그렇게 해도 괜찮습니다.
   - 내가 안전하게 보호받기를
   - 내가 행복하기를
   - 내가 건강하고 편안하기를
   - 내가 나 자신과 즐겁게 지낼 수 있기를

   이 외에 자신에게 중요하다고 생각되는 말을 추가해도 좋습니다.
3. 위의 말을 친한 친구에게 합니다.

   (예: 내 친구 ○○가 평화롭게 지낼 수 있기를)
4. 그냥 아는 사람에게 합니다.
5. 나와 어려운 관계에 있는 사람에게 합니다.

6. 마지막으로 온 우주를 향해서 합니다.

(꼭 6단계를 다 하실 필요는 없습니다.)

· 나만의 대체활동을 찾아요 ·

늘 바쁘게 무엇인가에 쫓기고 폭식을 하며 불편한 감정과 생각을 억누르는 데 익숙해져 있을수록 명상이라는 대체활동을 하는 것이 어렵습니다. 집중 명상이나 호흡 명상을 먼저 해보는 것을 추천합니다. 이런 명상은 무엇이 명상을 방해하는지 알려줍니다. 그것은 주변의 소음일 수도 있고, 생각이나 감정, 신체감각일 수도 있습니다.

내가 현재 이런 상태구나, 하는 것을 그냥 인정하고 명상을 하면 처음에는 1분도 하기 힘들었던 명상이 5분, 10분으로 연장되는 것을 경험할 수 있습니다. 특히 호흡 명상은 일상생활에서도 쉽게 할 수 있습니다. 설거지를 하면서도 TV를 보면서도 현재 호흡에 집중하며 나의 상태를 관찰합니다.

나에게 맞는 대체활동

4가지 식사원칙
복습

"식사원칙대로 세 끼를 챙겨 먹기 시작했더니 정말 음식에 대한 집착이 줄어들었어요. 예전의 저를 돌아보면 먹는 문제 때문에 가족과 자주 다투고, 먹는 걸 피하려고 친구와의 약속도 자꾸 미뤘거든요. 음식만이 저의 유일한 위로였죠. 폭식으로 살도 찌니까 사람 만나는 걸 더 회피하게 되고 스스로를 점점 더 고립시켰던 것 같아요.

세 끼를 다 먹으라니까 겁부터 나더라고요. '이렇게 많이 먹어서 과연 살이 빠질까' 싶었는데 한 달 만에 1kg이 줄어드니 안심이 되었어요. 일단 폭식을 안 하니까 저절로 다이어트가 된 것 같아요. 예전에는 하루 종일 음식 생각만 나서 회사에서도 일에 집중이 안 됐는데 지금은 안 그러니까 업무 능률이 올라서 좋아요."

이 책을 접하기 전 먹는 문제가 당신의 삶을 얼마나 지배했나요? 조금만 많이 먹어도 살이 찔 것 같다는 두려움에 초콜릿 한 조각조차 허용하지 않으면서도 하루 종일 먹는 생각만 하진 않았나요? 혹시 저녁 식사 약속이라도 있는 날이면 음식에 압도될까 두려워 온종일 전전긍긍하지 않았나요? 조금만 먹어도 살이 찔 것 같다는 두려움은 음식을 제한하도록 하기 때문에 폭식을 일으키기 쉽습니다. 제한된 식사로 폭식과 구토를 반복하다 보면 당연히 대인관계에 불편함을 느낄 수밖에 없지요. 먹는 것에 따라 나의 감정과 생각이 끌려다니기 때문에 결국에는 먹는 문제가 내 삶을 온통 장악한 상태가 되고 맙니다. 3주 동안 배운 내용을 잘 따라왔다면 음식이 내 삶을 장악하는 정도가 많이 줄어들었을 것입니다.

 함께해볼까요?

잊지 말아요, 4가지 식사원칙!

아래의 질문에 답하며 4가지 식사원칙을 다시 한 번 복습합니다. 식사원칙을 어겨서 나타난 폭식이 있었는지 점검하며 특별히 지키기 어려운 식사원칙이 있었는지 찾아보세요.

원칙1. 기계적으로 먹기
다이어트를 위해 혹은 어떠한 이유에서건 식사를 거른 적이 있나요? 다이어트 목적이 아니었더라도 나도 모르게 '살찔 것 같다'는 생각이 들어 무의식적으로 식사를 거르거나 미루지 않았는지 생각해봅니다.

~~~~~~

~~~~~~

원칙2. 적당한 간격으로 먹기

아침, 점심, 저녁 사이의 식사 간격이 너무 길지는 않나요? 딱히 배가 고프지 않아도 식사를 해야 합니다. 아직 나의 신체감각에 의지하는 것은 위험합니다.

~~~~~~

~~~~~~

원칙3. 적당한 양 먹기

체중이 걱정되어 소량의 음식만 먹지 않나요?

~~~~~~

~~~~~~

원칙4. 골고루 먹기

살이 찌는 것이 염려되어 밥보다 단백질이나 채소 위주로 먹지 않나요?

~~~~~~

~~~~~~

주변 환경
한 번 더 점검

"마트에 가면 이것저것 괜히 사게 되잖아요. 음식을 너무 많이 사 오는 바람에 폭식하는 경우가 종종 있었거든요. 이제는 장 보러 가서 딱 필요한 것만 사요. 인스턴트같이 쉽게 먹을 수 있는 건 안 사고 식재료 위주로 사요. 바로바로 요리해서 먹고 없애려고요. 먹을 때도 TV나 휴대폰을 보지 않으려 하고요. 예쁜 그릇에 담아서 천천히 음식 맛에 집중해서 먹으려고 해요. 이렇게 먹으면 폭식하지도 않고 기분 좋게 잘 먹게 되더라고요. 이번에 알게 된 사실은 아무렇지도 않게 생각했던 제 습관 하나하나가 폭식으로 연결되기 쉬운 것들이었다는 거예요."

2주 차에 우리는 폭식을 불러일으키는 주변 자극을 정리하고 건강한 식사를 방해하는 습관을 수정했습니다. 지금까지 당신의 주변 환경과 식사 습관에 어떤 변화가 있었나요?

 함께해볼까요?

변화된 나를 격려해요

건강한 식사 행동을 위협하는 주변 환경과 식사 습관이 어떻게 변화했는지 점검하고 아직 고치기 어려운 부분이 있다면 무엇인지 적어봅니다.

	변화한 부분	변화시키기 어려운 부분
주변 자극 정리하기		
식사와 연관된 활동 제한		
마인드풀 이팅		
나쁜 음식에 도전하기		
나를 가두는 식사규칙 없애기		

여전히 남아 있는
촉발 요인

"저한테 아직 남아 있는 폭식 촉발 요인은 부정적인 생각과 감정인 것 같아요. 잘할 수 없을 것 같다는 생각이 한번 들기 시작하면 끝도 없이 안 좋은 생각이 몰려드는데, 그럴 때마다 많이 먹지 않아도 자꾸 토하게 돼요."

자기관찰일지를 작성하면서 내가 특별히 취약한 요인이 무엇인지를 살펴보았습니다. 만약 취약한 요인을 찾아내셨다면 그것만으로도 큰 성과입니다. 폭식, 구토의 여부를 떠나서 굉장히 잘하고 있는 것입니다. 폭식을 왜 하고 있는지, 내가 어디에 취약한지를 모르면 그에 맞는 대책도 세울 수 없습니다. 아직 폭식과 토하는 증상이 남아 있다 하더라도 자책하기보다는 어느 부분이 취약한지 정확하게 자신을 이해하는 것이 중요합니다.

 함께해볼까요?

나를 알아가는 과정이 곧 치유입니다.

다음의 표를 보며 폭식을 촉발하는 나의 취약한 부분이 무엇인지 체크해보고 아직 지키기 힘든 이유와 현재 내 삶에 미치는 영향도 적어봅니다.

	힘든 이유	내 삶에 미치는 영향
4가지 식사원칙을 지키지 않아서 생긴 '배고픔으로 인한 폭식'		
부정적인 감정과 생각으로 인한 '마음고픔으로 인한 폭식'		
사회적인 관계나 여러 스트레스로 인한 '스트레스성 폭식'		
술과 관련된 정신 활성 물질로 인한 폭식		

무사히 첫 단계를
마친 당신에게

4주 차를 지나오며 당신의 삶에 변화가 있었나요? 폭식과 구토의 횟수가 확 줄어 놀랄 만한 변화를 경험했나요? 아니면 기대보다 몸이 잘 따라주지 않아 자책하고 속상해하고 있나요? 오랜 시간 폭식으로 안정을 얻어왔기에 그동안의 방식을 버리는 것은 어려운 일입니다. 각자 살아온 삶의 배경이나 환경이 다르기 때문에 변화의 질과 양도 다를 수밖에 없습니다. 그러니 많이 변하지 않았다고 실망하거나 자책하지 마세요. 변화의 양이 중요한 것이 아니라 당신이 포기하지 않고 끝까지 견딘 것이 중요합니다. 힘들지만 계속 시도했다는 것이 중요합니다. 그것이 당신을 지켜낼 것입니다.

당장 큰 변화가 나타나지 않더라도 나를 포기하지 않고 믿어주는 것, "괜찮아. 다시 잘해보자!"라고 자신을 격려하는 것이 결국 당신을 폭식으로부터 자유롭게 만들어줄 것입니다. 이제 4주 동안 배운 것을 복습하며 변화된 점과 아직 더 노력해야 할 부분을 정리해봅니다.

　　　1단계를 돌아보며 체크해봅니다.

잘해낸 부분을 체크하고 스스로를 칭찬합니다.

　▨ 1주 차 '배고픔으로 인한 폭식을 막는 식사원칙 배우기'

　▨ 2주 차 '주변 자극과 나의 습관 정리하기'

　▨ 3주 차 '나의 폭식 촉발 요인 확인하기'

　▨ 4주 차 '폭식 대신 대체활동 찾아보기'

4주 차에 들어선 지금, 먹는 문제가 나의 삶을 어느 정도 지배하고 있나요? 음식을 먹으면 불안하고 죄책감을 느끼나요? 아니면 안정감을 느끼나요? 10점 만점으로 내가 먹는 것에 지배되는 정도를 점수 매겨보세요. 또 생활에 변화가 있었다면 그 부분도 적어보세요.

	워크북 시작 전	워크북 시작 후
먹는 것이 지배하는 정도 (10점 만점)	＿＿＿＿점	＿＿＿＿점
생활의 변화		

규칙적으로 먹으면
체중이 한없이 늘어날 텐데?

　다이어트와 폭식의 악순환에서 벗어나는 첫걸음은 우선 규칙적인 식사를 하는 것입니다. 규칙적인 식사를 하면 대부분 빠르게 폭식 횟수가 줄어듭니다. 그리고 폭식 횟수가 줄어들면 비로소 일상생활에 좀 더 집중할 수 있고 감정을 조절하는 능력이 회복되어 무기력하고 우울한 기분에서도 조금씩 벗어날 수 있게 됩니다. 그런데 폭식증으로 힘들어하는 많은 사람이 규칙적인 식사를 하는 데 강한 거부감을 가지고 있습니다. 우선 배가 고프지 않은데 왜 규칙적으로 먹어야 하느냐에 의문을 많이 제기합니다.

　일리가 있는 말이긴 합니다만, 다이어트에 집착하는 사람들은 대개 자신의 내부감각을 잘 통제합니다. 따라서 배고픔은 말할 것도 없고, 피곤함, 우울함 같은 감정도 잘 억압하며 심지어 강한 통증도 잘 참아냅니다. 그래서 이런 사람들은 배가 고픈지, 부른지 잘 인식하지 못합니다(이를 두고 흔히 배꼽시계가 망가졌다는 표현을 씁니다).

　결국 이런 사람이 배가 고프다며 음식을 먹겠다고 할 때는 이미 엄청 참았던 식욕이 폭발하기 일보 직전의 상태인 것입니다. 그래서 아예 처음부터 규칙적으로 식사를 하는 것이 폭식을 예방하는 데 훨씬 더 효과적입니다.

규칙적으로 식사를 하면 체중이 끝없이 증가할 것 같다는 두려움은 규칙적인 식사를 방해하는 커다란 걸림돌입니다. 물론 다이어트를 오랫동안 해오다가 규칙적인 식사를 시작하면, 아무래도 처음에는 오랜 다이어트로 인한 탈수상태인 신체에 수분이 축적되면서 몸이 붓는 현상이 생길 수 있습니다. 하루 이틀 규칙적으로 식사하고 난 뒤 체중계에 올라가 보고 생각보다 체중이 많이 증가했다는 사실에 충격을 받을 수도 있습니다. 그러나 이러한 현상은 대개 일시적입니다. 수분 섭취로 인한 체중 증가이지, 지방 증가로 인한 체중 증가가 아닌 것입니다. 두렵더라도 조금 더 참고 규칙적으로 식사를 하다 보면 수분 축적으로 생긴 갑작스러운 체중 증가가 서서히 사라지고 오히려 폭식할 때보다 체중이 더 안정을 찾게 됩니다. 게다가 장운동이 다시 활발해져서 속이 더부룩한 느낌도 사라지게 됩니다. 무엇보다도 규칙적으로 식사를 해야 뇌로 에너지가 안정적으로 공급되어 기초대사량이 증가합니다. 떨어진 기초대사량이 다시 증가해야 비로소 잘 먹어도 쉽게 체중이 늘어나지 않는 체질이 될 수 있습니다.

저체중 상태에서 폭식하는 사람의 경우, 규칙적으로 식사하기를 유지하기가 정말 어려울 수 있습니다. 한두 달 동안 체중이 조금씩 계속 늘 수 있으니까요. 그래서 못 견디고 다시 다이어트를 시도하려 합니다. 두려움 때문에 안전을 선택하는 것이죠. 하지만 이것은 고생만 잔뜩 하고 소득은 별로 없는 선택을 하는 것입니다. 왜냐하면 안전을 위해 다이어트를 선택했지만 이는 결국 다시 폭식의 위험에 직면하는 결과를 초래하게 될 테니까요.

사실 폭식증은 오랫동안 다이어트해온 습관이 몸에 배면서 나타난 마지막 결과물인 경우가 많습니다. 그래서 나름 식사를 챙겨 먹는 노력을 해도 폭식 증상이 여전히 사라지지 않고 남아 있는 것입니다. 너무나 실망하고 속상한 나머지 그냥 다 포기하고 다시 다이어트를 하는 습관으로 돌아가고 싶어질지 모릅니다. 그렇지만 기억하세요. 안전보다는 변화를 선택하고 익숙한 다이어트보다 익숙하지 않은 규칙적인 식사패턴을 선택하는 것이 두려움을 무릅써야 한다는 부담감은 있지만, 가장 빠르고 정확하게 폭식증에서 벗어날 수 있는 방법이라는 것을요.

2단계

마음고픔으로

인 한

폭 식 다 루 기

내담자 배가 고픈 건 아니에요. 세 끼 식사도 잘 챙겨 먹으려고 노력했고요. 그것도 밥으로요. 그런데 단 게 미친 듯이 먹고 싶어서 참을 수가 없어요. 일하는 중간에도 초콜릿을 입에 달고 살아요. 오죽하면 주변에서 '또 먹냐?'라고 말할 정도예요. 퇴근하고 집에 가면 저녁밥을 먹는 것을 시작으로 끊임없는 폭식이 이어져요. 왜 이러는 걸까요?

치료자 유난히 단것이 더 먹고 싶나 봐요. 단것을 먹기 전에 어떤 감정이 드나요?

내담자 글쎄요. 무슨 감정을 느끼는지 모르겠는데… 그냥 습관처럼 음식에 손이 가요.

치료자 최근에 특별히 스트레스받는 일은 없었나요?

내담자 음… 그냥 일상의 반복이에요. 특별히 힘들다고 느끼거나 그런 건 없었어요.

분명 배가 고프지도 않은데 자꾸 단것이 먹고 싶다거나 폭식을 계속 하게 되어 괴로워하고 있나요? 폭식만 없다면, 또는 단것에 대한 욕구만 조절할 수 있다면, 얼마든지 다이어트를 할 수 있을 것 같은데 왜 이렇게 어려운 걸까요?

우리의 몸과 마음은 긴밀하게 연결되어 있습니다. 몸이 아프면 마음도 괴롭고, 마음이 힘들면 몸까지 아픕니다. 우리의 몸은 정직해서 힘들면 신호를 보냅니다. 식사원칙을 지켰는데도 폭식이 나오는 이유는 바로 마음이 무엇인가 힘들고 불편하다고 호소하기 때문입니다. 이런 것을 '마음고픔으로 인한 폭식'이라고 이름 붙일 수 있습니다. 1단계에서 식사를 제대로 하지 않아 생기는 '배고픔으로 인한 폭식'을 주로 다루었다면 2단계에서는 '마음고픔으로 인한 폭식'을 어떻게 다뤄야 할지 알아볼 것입니다. 들어가기에 앞서 이 단계에서 계속 등장할 중요한 개념 두 가지를 먼저 정리하고 넘어가겠습니다.

개념1. '마음고픔으로 인한 폭식'이란?

우리는 날마다 정서적, 신체적, 인지적, 영적 신호를 받습니다. 이런 신호들은 내게 무엇이 필요한지 그리고 무엇을 해야 만족스럽고 기쁜 상태가 되는지 알려줍니다. 쉽게 말해, 내가 일에 더 집중해야 할 때인지 잠시 쉬어야 할 때인지를 알려줍니다. 또는 내가 유난히 화가 난 일이 있었다면 그 부분을 풀어야 한다고 신호를 보냅니다. 그런데 '마음고픔으로 인한 폭식'은 이러한 모든 신호를 가로막아 내 자신과 진정으로 만날 수 없게 합니다.

'내 자신과 만난다?' 이 말이 조금은 낯설게 다가올 수 있을 텐데요. 나의 생각, 감정, 욕구를 주기적으로 들여다본다는 것을 의미합니다. 그때그때의 생각과 감정을 알아차리고 어루만져주는 것이지요.

'마음고픔으로 인한 폭식'은 내가 느끼고 싶지 않은 생각이나 감정이 몰려올 때 주로 사용됩니다. 안정감과 휴식을 주는 것처럼 보이지만 실상은 나의 진정한 생각과 감정을 느낄 수 없도록 차단합니다. 나중에는 어떤 감정과 생각을 가지고 있는지 아예 알 수 없을 정도로 나를 마비시킵니다. 몸은 살아서 움직이고 있지만 무엇을 느끼는지 알아차리지 못하기 때문에 마치 생기 없는 꽃처럼 지내게 됩니다.

감정은 눈덩이와 같습니다. 감정을 느끼지 않고 계속 억압하면 감정이 없어질 거라고 생각할 수 있습니다. 그러나 감정은 해소되지 않으면 눈덩이처럼 불어납니다. 소소한 감정이 나중에는 컨트롤할 수 없을 정도로 거대해질 수 있는 것이죠. 예를 들어 처음에는 30정도의 강도로 느껴도 될 분노였는데 계속 억압하다 보니 나중에는 100의 강도로 커집니다. 결국 예고도 없이 작은 일에 폭발하게 되지요.

'마음고픔으로 인한 폭식'은 나 자신과의 만남을 방해하여 결국에는 감정을 조절할 수 없도록 만듭니다. 그렇기 때문에 폭식을 근본적으로 치료하려면 폭식으로 연결되는 자신의 잘못된 생각과 부정적인 정서를 인식해야 합니다. 나아가 자신의 감정을 달래고 진정시킬 수 있는 감정조절능력을 갖추어야 합니다.

개념2. '감정조절능력'이란?

"괜찮아, 아가야. 엄마가 옆에 있단다."

사람은 누구나 의존적인 존재로 태어납니다. 양육자가 곁에서 돌보지 않으면 스스로 할 수 있는 일이 거의 없을 만큼 약한 존재이지요. 대부분의 아기는 주 양육자인 엄마에게 모든 것을 의존합니다. 먹는 것, 입는 것, 씻는 것, 자는 것 등등 엄마의 손길이 필요하지 않은 일이 없지요. 이러한 돌봄 외에 엄마에게 받는 매우 중요한 능력이 있습니다. 바로 '감정을 조절하는 능력'입니다.

아기가 울면 엄마는 아기의 감정을 달래 주고 괜찮다고 안심시켜줍니다. 또 아기가 모든 감정을 표현할 수 있도록 안정된 분위기와 환경을 제공합니다. 이렇게 서툰 감정을 견뎌주고 받아주는 엄마를 통해서 아기는 자신의 감정을 조절하고 견디는 방법을 배웁니다. 감정과 행동에 대한 엄마의 반응을 통해 실망, 좌절, 분노, 상실감 등 앞으로 살아가며 겪게 될 강렬한 감정을 어떻게 다루어야 할지를 배우는 것이죠. 만약 효율적인 감정 조절자로서의 역할을 엄마가 해주지 않는다면 아이는 감정 다루는 법을 배우지 못합니다. 자신의 욕구와 감정이 안정되고 따뜻한 분위기 안에서 충족되고 존중받는 경험을 쌓은 아이는 자기감정과 직면하는 것을 피하지 않습니다. 자기감정을 다른 사람에게 표현하는 것을 두려워하지 않고 자신감 있게 말할 수 있습니다. 또한 감정을 명확히 알기 때문에 자신에게 필요한 것이 무엇인지 잘 파악해 그것을 적절하게 채울 줄 압니다. 긴장되고 불안한 상황에 있다 하더라도 스스로를 진정시킬 힘을 가지고 있습니다. 감정에 쉽게 동요되거나 흔들리지 않습니다. 이렇게 감정조절능력이 발달된 아이는 자신의 약점까지도 있는 그대로 수용하고 사랑하는 '자기수용감'과 '자기존중감'이 잘 형성된 성인으로 자라납니다. 만약 감정조절능력이 제대로 형성되지 않았다면 어렵고 복잡한 감정이 일어날 때 폭식이나 자해 등으로 스스로를 해칠 수 있습니다. 그러나 어릴 때 엄마에게 감정조절능력을 배우지 못했다고 너무 좌절하지 마세요. 성인이 된 후에도 차차 배워나갈 수 있습니다. 앞으로 3주에 걸쳐 감정조절능력을 향상시키는 방법을 배우도록 하겠습니다.

본격적으로 2단계에 들어가기 전에 나의 현상태를 체크해보세요.

어느 영역이 나에게 신호를 보내고 있나요?
아래는 삶의 균형이 깨졌다거나 결핍을 느낄 때 나타나는 신호입니다. 이러한 결핍을 현재 음식으로 채우고 있지는 않은가요?

마음
만성적으로 늘 기쁘지 않은 감정
충족되지 않는 욕구
늘 자기 자신을 비판하는 내면의 목소리
비효율적인 심리적 경계선**
자기 수용과 자기 사랑의 부족

신체

만성적인 다이어트

과도한 폭식

호르몬 불균형

음식 알레르기 반응

몸이 축 늘어지는 무기력한 상태

영성

쉼이 없는 마음 상태

삶의 목적과 의미의 결여

고독, 텅 빈 기분이나 외로움을 자주 느낌

SIMON, Julie M. *The Emotional Eater's Repair Manual*. New World Library. 2012.

심리적 경계선이란 사람과 사람 사이에 보이지 않는 마음의 선을 말합니다. 비효율적인 심리적 경계선을 갖고 있으면 다른 사람에게 무조건 맞춰주면서 자기를 표현하지 못하거나 아예 정서적 교류를 차단하며 다른 사람을 배척하는 모습으로 나타나 불편한 대인관계를 형성하게 됩니다.

감정을
조절하는
능력

여성의 아름다움은 화려한 외모에 있는 것이 아니라

그녀 영혼에 내재되어 있는 참다운 아름다움에 있습니다.

자신이 가진 열정을 친절히 내어주는 것에

관심을 기울이는 것입니다.

여성의 그런 아름다움은 해를 거듭할수록 커집니다.

_ 오드리 헵번

"전 도대체 왜 이러는 걸까요? 폭식으로 살이 쪘으면 음식을 안 먹으면 되잖아요. 그런데 계속 먹어요. 폭식하고 있는 제 모습이 너무 싫고 징그러워요. 제 입에 음식이 들어가는 것 자체가 죄스럽기까지 해요. 그래서 이제는 정말 그러지 말아야지 하고 적게 먹으려고 노력하는데도 그게 안 되는 거예요. 왜 이렇게 의지가 약한 걸까요? 엄마한테 사정해서 다이어트에 좋다는 한약도 먹어보고 운동도 해봤지만, 폭식을 하니 체중이 빠질 리가 없죠. 제 자신이 너무 한심해요."

'마음고픔으로 인한 폭식'을 하는 사람은 원인을 자신에게서 찾습니다. 음식을 절제하지 못해서, 의지가 부족해서라고 스스로를 몰아가지요. 폭식으로 늘어난 체중을 감량하기 위해 식단을 철저히 관리하고 운동을 병행하거나 여러 다이어트 약과 제품을 복용하기도 하지만 여지없이 반복되는 폭식은 자괴감을 부추깁니다. 부정적인 감정을 느끼지 않기 위해 폭식을 하는 것인데 폭식 자체만으로 자신을 게으르고 의지가 약하고 식탐이 많고 힘이 없는 사람이라고 규정지어버리지요.

폭식과 구토 그리고 부정적인 감정은 공생하듯 자라납니다. 폭식과 구토로 잠시나마 부정적인 감정을 회피할 수 있지만 일시적일 뿐입니다. 감정의 억압과 회피가 지속되면 이젠 아무 이유 없이 폭식을 한다고 생각하게 됩니다. 습관이 되어버린 것이지요. 감정을 참는 게 습관이 되다 보니, 나중에는 좋은 감정을 느껴도 위험 신호로 여겨 폭식을 하고, 그냥 심심해서 폭식을 하게 되기까지 합니다. 반복되는 폭식에 수치심을 갖고 나중에는 자신의 감정과 욕구를 전혀 알아차릴 수 없게 됩니다. 그렇기 때문에 '마음고픔으로 인한 폭식'을 멈추려면 감정조절능력이 필요합니다. 이 능력은 어떻게 얻을 수 있을까요?

5_{week} 1

감정 걸음마

사례1. 감정 차단

치료자   폭식할 때 주로 어떤 감정을 느끼나요?

내담자   저는 제가 어떤 감정을 느끼는지 잘 모르겠어요. 제가 뭘 원하는지도
         잘 모르겠고요. 그냥 모든 것이 먹고 싶다는 신호로 느껴져요. 계속
         단것이 먹고 싶고 그 외에는 갖고 싶은 것도 잘 모르겠고, 하고 싶은
         것도 잘 모르겠어요. 그런 생각을 해본 지 너무 오래된 것 같아요.

사례2. 감정 회피

치료자   폭식할 때 주로 부정적인 감정을 느끼나요?

내담자   글쎄요. 그냥 살찐 제가 싫을 뿐이에요. 딱히 느끼고 있는 부정적인

감정은 없는데…. 그냥 제 자신이 창피해요. 사람들한테 이 모습으로 비춰진다는 게 싫어요. 고3 때보다 안 먹는데 살만 더 쪄요. 제어능력이 떨어진 것 같아요. 그래서 돼지가 되어버렸어요. 제 존재 자체가 짜증 나고 마음에 들지 않아요. 선생님, 제가 원하는 걸 하려면 전 무조건 살부터 빼야 해요. 그 전까지는 아무것도 할 수 없어요.

사례3. 무기력한 상태

치료자 폭식할 때 어떤 감정을 느끼는지 알고 있나요?

내담자 네, 그럼요. 어떤 감정을 느끼는지, 뭐가 필요한지 잘 알아요. 그런데 알아도 그걸 다룰 수 있는 힘이 저에겐 없으니까요. 제가 나을 수 있을 것 같지도 않고요. 희망이 없으니까 그저 먹기만 할 뿐이에요.

자신에 대해 잘 아는 것 같아도 생각보다 나의 마음을 모를 때가 많습니다. 특히 어릴 때부터 다른 사람의 욕구에 맞춰 살아왔다면 더욱 어렵겠지요. '다른 사람이 날 어떻게 생각할까?' '내가 이렇게 행동하면 날 이상한 사람으로 생각하지는 않을까?'라며 온통 외부에 관심을 두고 있으면 내면의 소리를 듣지 못한 채 지나칠 수 있습니다.

이제껏 단 한 번도 내면의 소리를 들어본 적이 없다면 나의 감정과 욕구를 알아차린다는 것 자체가 굉장히 낯설고 이상하게 느껴질 수 있습니다. 설령 어떤 자극을 통해 마음을 알았다고 해도 깊숙이 그 마음을 알아봐 주기엔 두려움이 앞서서 주저하게 될 수 있습니다. 예를 들어 불만을 표현했을 때 일이 커졌던 경험이 있다면 차라리 감정을 차단하고 사는 게 더 낫다고 여길지 모릅니다. 감정을 표현하는 것보다 억누르는 게 더 편안하다고 느꼈겠지요.

내면을 바라보는 것이 처음에는 너무 힘들 수 있습니다. 자신에 대한 실망감, 괴로움, 분노, 우울 등 여러 힘든 감정과 마주해야 하기 때문입니다. 그러나 조금씩 내면과 접촉하는 연습을 하다 보면 점차 감정을 조절하는 능력을 키울 수 있습니다. 부정적이고 힘든 감정이 찾아와도 폭식으로 풀어내지 않고 해결할 수 있는 능력이 생깁니다.

내면의 대화로 들어가는 첫 단계는 지금 이 순간 내 감정이 어떤지 스스로에게 질문하고 답하는 것입니다. "내가 지금 어떤 감정을 느끼고 있지?"라는 물음에 떠오르는 감정이 있다면 그 감정에 이름을 붙여보고 표현해보는 것입니다. 뇌 과학 연구에 따르면 모호한 감정을 인식하고 이름을 붙이는 것만으로도 감정을 조절하고 견딜 수 있다고 합니다.

 함께해볼까요?

감정에 이름을 붙여보세요

폭식과 상관없이 일상에서 내가 자주 느끼는 감정은 무엇인가요? 감정이 어느 신체감각에서 느껴지나요? 감정과 신체감각을 찾았다면 두 가지를 연결해서 "나는 ○○○한 감정을 ○○ 부분에서 느껴"라고 표현해보세요. 표현은 타인이나 외부의 상황에 내가 끌려가는 것이 아니라 감정의 주체가 되는 것을 의미합니다. 좋고 싫은 감정을 만드는 장본인이 타인이나 외부 환경이 아니라 바로 나 자신임을 깨닫고 인정하는 것입니다. 아래 순서에 따라 감정을 표현해보세요.

예시

1. 감정에 이름 붙이기

   외롭다.

2. 느껴지는 신체 부위

   가슴 한가운데에 구멍이 뻥 뚫린 듯한 느낌이 들어요.

3. 느껴지는 신체 부위와 감정에 이름 붙이기

   나는 가슴 한가운데에서 구멍이 뻥 뚫린 것 같은 외로운 감정을 느껴요.

작성

1. 감정에 이름 붙이기

2. 느껴지는 신체 부위

3. 느껴지는 신체 부위와 감정에 이름 붙이기

감정이 잘 찾아지지 않아요. 평상시에 해야 할 일이 많아서 감정을 느낄 새가 없거든요.

감정이 잘 찾아지지 않는다면 아래 목록을 참고해서 감정을 골라보세요. 폭식으로 감정을 억압해왔기 때문에 갑자기 찾으려면 어려울 수 있습니다. 내가 느끼는 주된 감정이 명확하지 않을 때는 먼저 내 몸이 어떻게 반응하는지 신체에 집중해보면 됩니다. 몸이 느끼는 감각에 집중하다 보면 감정 역시 차츰 구분될 것입니다.

슬픈 감정	슬픈, 좌절스러운, 상처 입은, 가슴 아픈, 실망스러운, 후회스러운, 비참한, 암담한, 희망이 없는, 울적한, 사랑받지 못한, 근심스러운, 불행한, 죄책감이 드는, 서글픈, 섭섭한, 허전한, 애통한, 한심한, 처량한, 먹먹한
화난 감정	화난, 질투심이 나는, 짜증 나는, 약이 오른, 수치스러운, 무시당한, 분통 터지는, 원망스러운, 참을 수 없는, 기가 막힌, 신경질이 나는, 역겨운, 야속한, 억울한
두려운 감정	두려운, 불안한, 주저하는, 겁이 나는, 무서운, 실망한, 기가 죽은, 긴장된, 걱정스러운, 초조한, 궁지에 몰린, 패배한, 절망적인, 지친, 떠밀린, 떨리는, 당황스러운
우울한 감정	의기소침한, 지겨운, 의심스러운, 착잡한, 풀이 꺾인, 무기력한, 치욕스러운, 찝찝한, 아찔한, 곤혹스러운, 씁쓸한, 창피한, 부끄러운, 안타까운, 귀찮은, 가슴 답답한, 멍한, 측은한, 민망한, 아쉬운, 역겨운, 무가치한, 외로운, 힘든, 후회스러운, 사라지고 싶은, 암울한, 우울한, 참담한

5 week 2

꽁꽁 닫아놓은
욕구의 문 열기

치료자   오늘 얘기를 듣다 보니 ○○ 씨는 주변 사람들의 욕구를 굉장히 빨리
알아차리는 것 같아요.

내담자   맞아요. 주변 사람들이 무얼 원하는지, 뭐가 필요한지 저는 잘 보여
요. 식당에서 음식을 시킬 때도 다른 사람이 원하는 것으로 맞춰줘
요. 정작 난 밀가루가 조금이라도 들어간 음식을 먹으면 토한다는 것
을 알면서도 말이에요.

치료자   자신에게는 어떤가요? 원하는 것들을 채워주고 있나요?

내담자   아니요. 그래서 그럴까요? 무엇을 하더라도 늘 마음 한구석에 공허함
을 느껴요. 사실 제가 원하는 건 다 큰 어른이 바랄 만한 것들이 아
니거든요. 왜 그런 욕구들이 올라오는지 모르겠어요.

168

치료자 어떤 것들인데요?

내담자 누가 절 좀 안아줬으면 좋겠고, 힘들 때 위로해줬으면 좋겠고, 내 짜증도 전부 받아줬으면 좋겠고…. 그냥 저는 아이가 되고 싶어요. 나이를 이렇게나 먹었는데도요. 그래서 제 마음을 들키지 않으려고 겉으로는 굉장히 쿨한 척, 태연한 척해요. 아마 주변 사람들은 빈방에서 혼자 폭식을 하며 울고 있는 제 모습을 상상조차 할 수 없을 거예요. 어떻게 해야 공허한 제 마음이 채워질까요?

내가 필요로 하고 원하는 걸 스스로에게 해주는 게 왜 이렇게 힘들고 어려울까요? 심지어 내가 원하는 걸 선택하는 것이 이기적이라고 느껴집니다. 사람은 태어날 때부터 기본적으로 충족되어야 할 욕구가 있습니다. 인간의 욕구는 유아기부터 노년기까지 발달단계에 따라 성장합니다. 초기 단계의 욕구가 잘 채워져야 이후의 단계에서도 자신의 욕구를 민감하게 알아차려 채워나갈 수 있는 힘을 갖게 됩니다.

발달단계에서 가장 처음 나타나는 욕구는 의존적 욕구입니다. 주 양육자와의 신체적 접촉을 통해 안정감을 느끼고, 사랑, 돌봄, 신뢰, 안전, 다정함, 친절함 등을 바랍니다. 만약 주 양육자인 어머니와의 스킨십이 부족했다거나 사랑과 안정이 넘치는 분위기 안에서 의사소통이 충분히 이루어지지 않았다거나 일관된 관심을 받지 못했다면 성인이 되어서도 결핍된 욕구가 남아 있게 됩니다.

내 욕구를 존중받기보다는 부모님의 뜻에 맞춰야 했고, 지지와 이해를 받아야 할 때 비난과 무시를 받았다면 나의 필요와 욕구에 초점을 맞춰 살아오지 못했을 것입니다. '어떻게 하면 부모님께 더 나은 모습을 보여드릴 수 있을까?' '어떻게 하면 내가 부모님 마음에 들 수 있을까?'에 신경을 곤두세우며 살아왔을 것입니다. 이런 성장 배경은 성인이 된 후에도 다른 사람의 시선이 신경 쓰여 작은 결정조차 내리지 못하는 삶을 살게 합니다. 자신의 욕구에는 무감각한 채 살기 때문에 늘 무언가 불만족스러운 상태에 놓이게 됩니다. 이런 상태에서 폭식을 만나면 채워지지 않은 욕구의 허전함과 공허함을 음식으로 풀게 되지요.

평상시에는 잘 모르고 지나쳤을지 모르지만 우연히 TV에서 어떤 장면을 본다거나 사람들을 만나면 '사랑받고 싶다' '기대고 싶다' '응석을 부리고 싶다' 같은 욕구가 생길 수 있습니다. 과거 유아기 때 채워지지 않은 결핍의 욕구가 충족시켜달라고 신호를 보내지요. 그런데 이런 욕구를 알아차리더라도 '나는 다 컸으니까 이런 응석을 기대하면 안 돼'라고 생각하며 억압합니다. 또는 누군가가 욕구를 채워주었던 경험이 없어서 어떤 방식으로 충족해야 할지 몰라 두려움이 앞설 수도 있습니다.

결핍된 욕구를 부끄러워하고 억압하면 사랑하는 사람을 만나도 성숙한 이성관계를 유지하기가 어렵습니다. 상대방이 나의 유아기적 결핍 욕구를 채워줄 것이라 기대하며 비정상적으로 의존할 수 있기 때문입니다. 유아기적인 욕구를 느끼는 것은 절대 부끄럽거나 수치스러운 일이 아닙니다. 이런 욕구를 알아봐 주세요. 부정하고 억압하는 것은 나를 더 불행하게 만들 뿐입니다.

욕구를 있는 그대로 알아봐 주세요

결핍된 욕구 안에는 내가 진심으로 원하는 것이 내재되어 있습니다. 꽁꽁 닫아놓은 욕구의 문을 살포시 열어주세요. 결핍된 욕구가 무엇인지 찾기 어렵다면 아래 예시를 참고하여 자신에 대해 한번 생각해보세요.

예시

- 사랑받고 싶다.
- 돌봄 받고 싶다.
- 아이같이 말도 안 되는 떼를 부리며 어리광을 부리고 싶다.
- 모든 것을 누군가에게 의존하고 싶다.
- 나에 대한 확신이 없기 때문에 매 순간 누가 잘한다고 칭찬해주고 인정해줬으면 좋겠다.
- 누군가가 내 말을 잘 경청해줬으면 좋겠다.
- 안정감을 느끼고 싶다.
- 편안함을 누리고 싶다.
- 하루를 마치고 집에 돌아갔을 때 누군가가 날 안아주고 머리도 쓰다듬어주고 아기처럼 보듬어줬으면 좋겠다.
- 누군가가 나와 모든 시간을 같이 보내주면 좋겠다.
- 내가 필요할 때 늘 상대방이 달려와 주면 좋겠다.

~~~~~~

~~~~~~

~~~~~~

~~~~~~

~~~~~~

~~~~~~

책 속의 상담실 ···

이제 마흔이 다 되어가는데 자꾸 어리광을 부리고 싶어요. 이런 제 욕구가 너무 아이 같아서 제가 계속 아이처럼 멈춰 있을까 봐 걱정이 돼요. 계속 이 상태로 있지는 않겠죠?

내 욕구가 너무 아이 같고 유치하다고 생각되나요? 괜찮습니다. 이런 유아기적 욕구를 알아차리고, 들여다보고, 만져주기 시작하면 아이가 자라서 어른이 되듯 욕구도 현재의 나이에 맞게 성장할 수 있습니다.

건강한 성인자아가
폭식을 치료한다

"저는 유복한 환경에서 자란 것은 아니지만 부모님께서 항상 저에게 관심을 가져주셨어요. 흥미를 보일 때마다 호기심을 부추겨주셨고, 일 때문에 바쁜 와중에도 제가 좋아하는 것에 같이 관심을 가져주셨어요. 어릴 때부터 지금까지 제 말을 중간에 끊는 일 없이 경청해주셨고요. 설령 그게 부정적이고 반항적인 것이라고 해도요. 하지만 정말 잘못했을 때 따끔하게 혼을 내셨던 기억도 나요. 부모님과의 관계는 항상 편안하고 좋았어요. 물론 부모님과 좋지 않은 시기도 있었죠. 항상 저를 지지해주셨는데 고등학생 때 음악 쪽으로 진로를 정하자 집에서 반대가 심했어요. 학창시절 내내 1, 2등을 놓쳐본 적이 없어서 부모님은 제가 의대나 법대에 가길 바라셨거든요. 부모님과 계속되는 갈등으로 고민이 많았습니다. 급기야 앓아누우신 어머니를 보면서 제가 불효를 하는 것 같아 죄책감이 들었어요. 그냥 의대를 갈까도 생각했어요. 그런데 제가 행복할지 스스로에게 아무리 물어봐도 대답은 '아니다'였어요. 결국 음악을 전공했고, 유학을 가기로 결정했을 때에도 부모님은 탐탁지 않게 여기셨어요. 비용 지원을 부탁드릴 수 없었기에 1학년 때부터 카페에서 노래를 부르거나 아르바이트를 해서 돈을 모았어요. 아는 사람을 통해서 과외도 했었죠. 집에서는 여전히 저를 못마땅해했어요. 수면 시간도 늘 부족하고 제대로 끼니도 못 챙겼었지만 저는 행복했어요. 원하는 목표를 향해 나갈 수 있었으니까요.

30대인 지금, 대학교에서 음악을 가르치고 개인 연습실에서 곡을 쓰며 살고 있어요. 주말에는 후배들과 함께 소외된 이웃이 있는 곳을 찾아가 정기적으로 공연도 합니다. 일을 통해서 제 창조성을 발휘할 수 있고, 이웃과 나눌 수 있어서 비록 돈을 많이 버는 건 아니지만 만족스러운 생활을 하고 있어요.

저를 걱정하고 반대하셨던 부모님과의 사이도 좋아졌습니다. 예전처럼 저를 지지해주시고 격려를 많이 해주세요. 저의 가장 큰 힘이지요.

아직 결혼은 안 했지만 곧 좋은 사람을 만날 수 있을 거라 확신합니다. 물론 그동안 여러 번 만남과 이별의 아픔을 겪었지만 그런 아픔이 저를 망가뜨릴 순 없었습니다. 여러 역경을 딛고 지금 해야 할 일을 감당하며 사는 이 순간이 저는 행복합니다."

앞의 사례는 '건강한 성인자아'가 잘 작동하여 한 사람의 인생을 어떻게 이끌었는지 보여주는 가상의 시나리오입니다. 만약 주인공이 '건강한 성인자아'의 목소리를 따라가지 않고 부모님이 바라는 대로 의대나 법대에 갔다면 현재 어떤 모습으로 살아가고 있을까요? 외적으로 크게 성공했을지 몰라도 자신의 욕구에 따라 살지 못했기 때문에 우울하거나 불만족을 느끼며 살았을 것입니다. 어쩌면 여러 장애 증상까지 나타났을지 모르지요.

우리의 내면에는 진정한 나다움을 드러낼 수 있는 '건강한 성인자아'가 있습니다. 이것을 초월적 자아, 진짜 자기, 내면의 지혜로운 나, 참자기 등등 여러 용어로 표현할 수 있습니다. '건강한 성인자아'는 어렸을 때 엄마가 욕구를 잘 충족시켜주고, 공감해준 경험이 밑거름이 되어 자아존중감이 성장하고 견고해지면서 형성됩니다. 그렇게 만들어진 '건강한 성인자아'는 갈등 상황이 벌어졌을 때 내면의 목소리에 귀 기울여 자신의 진정한 욕구를 현실에서 실현시키도록 돕습니다.

폭식증이 있는 대부분의 사람은 나를 나답게 이끌어주는 '건강한 성인자아'가 잘 작동하지 않습니다. 폭식은 '건강한 성인자아'의 목소리대로 살지 못하고 다른 사람이 바라는 모습으로 살아갈 때 생기는 증상입니다. 끊임없이 타인의 눈에 내가 어떻게 비춰질지 신경 쓰면서 하고 싶은 대로 살지 못할 때 폭식이 생겨납니다. '거짓 자기'는 '건강한 성인자아'가 나오지 못하도록 방해합니다. 내가 진심으로 바라는 것을 이룰 수 없게 하고 오로지 힘든 감정을 회피하기에 급급하기 때문에 감정조절이 더 어려워집니다. 만약 어릴 때부터 '거짓 자기'로 살아왔다면 마치 '거짓 자기'가 자기 자신인 것처럼 구별이 안 될 수 있습니다. 구별하는 방법은 단순합니다. 지금 내가 행복한지 자신에게 물어보는 것입니다. 진솔하게요.

너무도 긴 세월을 이런 질문 없이 살아왔나요? 이제 해보세요. 당신의 내면에 반드시 존재하는 '건강한 성인자아'를 함께 찾아봅시다.

건강한 성인자아에게 말을 걸어보세요

'건강한 성인자아'를 활용하여 내면의 대화를 시도해보세요.

1단계 – 나의 감정 확인하기

2단계 – 나의 결핍된 욕구 파악하기

3단계 – '건강한 성인자아'를 활용하여 자신과 대화하기

예시

1단계

나는 가슴 한가운데에 구멍이 뻥 뚫린 것 같은 외로움을 느껴요. 이런 감정을 느낄 때마다 단것이 엄청 먹고 싶어져요.

2단계

누군가가 나와 함께 있어 줬으면 좋겠고, 나와 모든 시간을 함께 보내줬으면 좋겠어요. 혼자 있는 게 너무 싫어요.

3단계

네가 느끼는 외로움은 당연한 거야. 그동안 표현도 못 하고 얼마나 힘들었니? 바쁘고 피곤한 엄마에게 짐이 되기 싫어서 괜찮은 척, 아무렇지도 않은 척, 강한 척해왔잖아. 어릴 때부터 집에 혼자 있는 시간이 많았으니 더 그랬을 거야.

네 옆에는 누군가가 필요해. 힘을 줄 수 있는 누군가가 말이야. 네 말대로 늘 네 옆을 지켜주고 항상 함께 있을 수 있는 사람은 현실적으로 불가능하니까 너에게 지금 힘이 되는 사람을 주변에서 찾아보자. 가까운 친구나 선생님, 그 누구라도 상관없어. 그리고 그 사람들과 정기적인 만남을 가지려고 노력해보자. 만약 당장 그 누구도 만나기가 어렵다면 너한테 위안을 줄 수 있는 반려동물을 키우거나 아니면 화분이라도 사보는 게 어떨까?

작성

1단계

2단계

3단계

'건강한 성인자아'의 기준이 무엇인지 잘 모르겠습니다.
제 안에 그런 것이 있는지도 잘 모르겠어요.

'건강한 성인자아'의 특징은 다음과 같습니다.

모든 감정을 품을 수 있는 능력 '건강한 성인자아'는 어떠한 감정이라도 품을 수 있습니다. '건강한 성인자아'는 기쁨, 슬픔, 분노 등 다양한 감정을 모두 경험하게 해주고 이런 감정을 적절하게 표현하는 것을 두려워하지 않습니다.

포용력과 따뜻함 '건강한 성인자아'는 단점도 있는 그대로 인정하는 포용력과 따뜻함이 있습니다. '건강한 성인자아'는 나의 장점과 좋은 모습만 인정하지 않습니다. 스스로 고치지 못하는 단점까지도 있는 그대로 인정하고 포용합니다.

추진력과 융통성 '건강한 성인자아'는 목표를 향해 나아갈 수 있는 힘이 있으며, 어려움에 대처할 수 있는 융통성이 있습니다. 어려움과 갈등에 부딪힌다 할지라도 자신의 힘을 믿고 대안을 생각하며 나아갑니다.

홀로 있는 능력 '건강한 성인자아'는 누군가가 내 곁을 떠난다 해도 자신을 무너뜨리지 않고, 중심을 잡습니다. 누군가와 함께 있고 싶고 친밀감을 유지하고 싶은 것과 상대에 대한 집착을 구별할 줄 압니다. 때로는 자신의 목표를 이루기 위해서 타인과 거리를 두는 것도 두려워하지 않습니다.

만족하고 감사하는 태도 '건강한 성인자아'는 자기의 삶에 만족하며 그 안에서 삶의 의미를 발견하고 감사하는 태도를 갖습니다. 내가 가지지 못한 것에 집중하기보다는 현재 누리고 있는 것에 기쁨을 느낍니다.

Tip.
'건강한 성인자아'가 무엇인지 잘 모르겠다면 이제껏 살면서 보았던
좋은 리더를 떠올려보세요. 영화나 소설 속의 주인공도 괜찮습니다.

5 week 4

상처받은 어린자아
안아주기

치료자 어린 시절을 생각하면 무엇이 제일 많이 떠오르세요?

내담자 어릴 때 좋았던 기억이 전혀 없어요. 부모님은 늘 싸우셨고, 전 별다른 이유도 없이 엄마한테 이틀에 한 번꼴로 맞았어요. 학교에서는 우울한 티를 내지 않으려고 밝은 척했어요. 항상 웃고 다니고, 친구들이 혹시라도 절 싫어할까 봐 제 의견대로 한 건 거의 없었어요. 그 덕에 밝은 아이, 착한 아이라는 수식어가 따라다녔는데 사실 제 진짜 모습은 굉장히 우울하고 어둡거든요. 이런 얘기 원래는 잘 안 하는데…. 선생님한테 처음 하는 거예요.

치료자 아, 그렇군요. 오늘도 말하기 힘들었을 텐데 어렵게 용기를 내셨군요. 잘하셨습니다. 그동안 이런 속마음을 한 번도 표현하지 않았던 건가요?

내담자 네. 생각하면 너무 힘드니까 되도록 생각조차 안 하려고 노력해왔죠. 폭식을 하면서요.

치료자 혼자서 많이 힘들었겠어요. 그런데 다이어트는 어떻게 시작하게 된 거예요?

내담자 그냥 어느 날 우연히 다이어트를 시작했어요. 늘 통통한 편이어서 언젠가는 다이어트를 해야지 했었거든요. 한번 시작하니까 살이 너무 잘 빠져서 계속하게 되더라고요. 이렇게 폭식과 구토까지 하게 될지는 몰랐어요. 그런데 3년 뒤 요요가 왔고, 점점 살이 쪘어요. 살이 자꾸 찌니까 예민해지더니 요즘엔 화가 컨트롤이 안 돼요. 작은 일에도 화가 나고 특히 남자친구에게 쏟아내는 화가 장난이 아니에요. 악몽도 자주 꾸고 잠에서 깨면 알 수 없는 불안이 찾아와요. 호흡곤란 증상까지 오기도 해요. 혼자 사니까 집에 가면 폭식할 게 뻔해서 밖에서 시간을 많이 보내려고 하는데 막상 저녁이 되면 폭식을 하고 싶어서 빵을 잔뜩 사 들고 집에 돌아가는 제 자신을 발견하게 돼요.

아주 오래전 일인데도 마치 어제 일어난 일처럼 떠올리는 것만으로도 괴로운 기억이 있나요? 정반대로 아예 기억상실에 걸린 것처럼 생각나지 않는 시절이 있나요? 마음 안에 해결하지 못한 상처가 있다면 그 기억은 머릿속에서 지워지지 않고 조각조각 분리되어 뇌 어딘가에 깊숙이 자리를 잡습니다. 그래서 이성적으로는 다 끝난 일이라고 묻어둘 수 있을지 몰라도 무의식중에 몸이 반응하거나 부적절한 감정조절로 드러납니다. 겉으로는 다이어트로 생긴 폭식 같지만 사실 진짜 문제는 상처받은 어린자 아를 잘 돌보지 못한 데에 있습니다.

신체적 학대, 정서적 학대, 성폭력, 부모의 방임이나 버림 등 해결되지 못한 상처가 누구에게나 있을 수 있습니다. 건강한 성인자아는 상처받은 내면의 어린자아를 보듬고 돌봐줄 수 있습니다. 그러나 상처의 실체를 들여다보기가 너무 아프고 힘들어서 내 자신이 상처받은 어린자아를 인정하지 않으려 할 수 있습니다. 될 수 있으면 수면 위로 떠오르지 못하도록 묻어두려 합니다. 심지어 어린자아가 조금이라도 나오려 하면 스스로 비난하고 비판합니다. 어린자아를 묻어두고 인정하지 않으려 할수록 상처는 더 깊어져 현재의 삶을 방해합니다. 본연의 내 모습, 참된 내 모습으로 살아가지 못하게 합니다.

상처받은 어린자아는 잘못한 것이 전혀 없습니다. 추악하지도 않습니다. 다만 마땅히 받아야 할 것을 받지 못해 아플 뿐입니다. 당신은 훌륭하게 태어났습니다. 상처받은 어린자아를 돌볼 수 있는 성인자아도 당신 안에 이미 존재합니다. 그 힘을 믿고 어린자아를 만나세요. 이야기를 들어주고 아픈 곳을 매만져주십시오. 이제 내면의 대화를 시작할 때입니다.

상처받은 어린자아를 돌봐주세요

아래의 단계에 따라 상처받은 어린자아를 보듬어봅니다.

1단계

내면의 대화에 들어가기 전 나만의 편안한 장소를 정합니다. 마치 엄마의 자궁처럼 안락하고 고요한 공간을 만들어보세요. 내 방이 될 수도 있고 교회의 기도실이 될 수도 있습니다. 자리에 앉아 눈을 감고 호흡을 깊게 들이마시고 내쉬면서 어린자아를 초청할 준비를 합니다. 상처받은 어린자아가 긴장하지 않고 찾아올 수 있는 나만의 안전지대를 떠올려 상상해봅니다. 실제 가봤던 장소가 될 수도 있고 상상 속의 들판이나 숲속이 될 수도 있습니다. 저의 안전지대는 어린 시절 자주 안겼던 외할머니의 따뜻한 품입니다. 늘 바쁜 어머니를 대신해 저의 애정 결핍을 채워주셨던 한없이 따뜻하고 인자한 외할머니를 떠올리면 평온해집니다. 당신도 이렇게 평온하고 안정감을 느낄 수 있는 안전지대를 상상해보세요.

2단계

앞에서 배운 기술을 활용하여 지금 내 안에 있는 어린자아의 감정을 확인합니다. 여러 개의 어린자아가 있을 시에는 제일 다루고 싶거나 견딜 수 있는 것부터 시작합니다. 계속 심호흡을 하며 그 감정이 신체 어느 부위에서 느껴지는지 살펴봅니다.

예시

외로운 아이, 분노하는 아이, 무기력한 아이가 있어요. 오늘은 외로운 아이부터 시작할 수 있을 것 같아요. 외로운 아이는 내 가슴 한가운데에서 텅 빈 느낌으로 느껴져요.

3단계

성인자아가 어린자아를 관찰하며 얘기를 들어봅니다.

- 이 아이가 지금 무슨 얘기를 하길 원하나요?
- 아프고 상처받았던 그 순간에 어떤 욕구를 갖고 있었나요?
- 이 아이가 지금 원하는 것은 무엇인가요?

예시

나는 늘 혼자였지. 내가 세 살 때 부모님은 이혼을 했어. 그 뒤로 아빠와 왕래조차 하지 않아서 몰래 사진으로만 아빠 얼굴을 봤을 뿐이야. 엄마는 가장으로서 돈을 벌어야 했기 때문에 내가 혼자 있는 건 당연했지만 나도 한 번쯤은 어리광을 피우고 싶었어. 갖고 싶은 것도 많았지만 엄마가 고생하는 걸 뻔히 아는데 어떻게 사달라고 할 수 있었겠어? 나도 다른 친구들처럼 부모님하고 나들이도 가고 싶었고 외식도 하고 싶었어. 학교에서 안 좋은 일이 있을 때 엄마가 내 얘기를 들어줬으면 좋겠다고 생각했어. 근데 엄마는 항상 늦게 들어오거나 술을 마시고 들어왔어. 그래서 혼자서 정신을 차려야 한다고 생각했어.

나는 늘 괜찮은 척, 강한 척을 해야 했기 때문에 혼자인 게 외롭고 힘들어도 말할 수 없었어. 힘들다는 걸 표현하면 안 된다고 생각했어. 나도 이제 누군가에게 기대고 싶고 의지하고 싶어. 누가 내 옆에 있어 줬으면 좋겠어.

4단계

성인자아가 어린자아에게 다가가 위로하고 보듬어줍니다. 그리고 다음과 같은 말을 해줍니다.

"사랑한다. ○○야."

"내가 항상 네 옆에 있을 거야."

"이제 나와 함께 있으니 너는 안전하단다."

"내가 너를 계속 돌봐줄 거야."

"언제든지 네가 원할 때 나에게 기대렴."

"넘어져도 괜찮아. 내가 너를 붙잡아줄 거야."

5단계

계속 심호흡을 하며 내 안의 안전지대에 성인자아와 어린자아가 함께 있는 모습을 상상해봅니다. 성인자아에게 안겨 있는 어린자아를 상상하며 조용히 눈을 뜹니다.

6단계

이제 현실로 돌아와 성인자아의 입장에서 어린자아에게 편지를 씁니다. 우선 어린자아의 별칭을 정합니다. 부정적인 것보다 긍정적이고 사랑스러운 느낌이 담긴 별칭이 좋습니다. 편지를 상자에 보관해도 좋고 불에 태워 날려도 좋습니다. 나만의 의식으로 이 과정을 마무리합니다.

- 상처받고 힘들었던 어린 시절에 내가 느낀 감정은?
- 상처받고 힘들었던 어린 시절에 내가 원한 것은?
- 지금 내가 원하는 것은?
- 돌봐주지 못했던 것에 대한 사과
- 어린자아를 위로해주는 말

예시

사랑하는 키티(어린자아의 별칭)에게

어린 너는 항상 도움이 필요했을 텐데, 엄마, 아빠랑 하고 싶은 것도 많았을 텐데 모든 걸 참아내기만 했으니 키티, 네가 얼마나 힘들고 외로웠을까? 마음이 얼마나 아팠니? 입학식, 졸업식에 아무도 와주지 않아서 많이 서러웠지? 학교에서 집에 돌아왔을 때 반겨주는 이 없는 텅 빈 집에서 얼마나 외로웠니? 그 순간마다 엄마가 와주길, 아빠가 집에 한 번만이라도 와주길 바랐을 거야. 부모님과 함께 평범하게 살고 있는 친구들이 참 많이 부러웠겠어. 네 마음이 이해돼. 그동안 강한 척, 외롭지 않은 척 버티느라 너무 고생했어. 오랜 세월 외로웠으니 네 옆에 누군가가 늘 함께해주길 원할 거야. 소소한 일도 같이하고 싶고 너의 일상을 공유할 누군가를 간절히 원한다는 걸 알아. 오랫동안 너를 방치해서 미안해. 네가 외로워하고 힘들어한다는 걸 알면서도 모른 척해서 미안해. 정말 미안해. 이제 너를 혼자 두지 않을 거야. 네가 외로워하지 않도록 내가 항상 너와 함께할 거야.

작성

1단계

나만의 안전지대를 떠올려 상상합니다.

2단계

어린자아의 감정을 확인하고 그 감정이 신체 어느 부위에서 느껴지는지
써봅니다.

~~~~~~

~~~~~~

3단계

성인자아가 어린자아를 관찰하며 얘기를 듣고 그 내용을 아래에 써봅니다.

~~~~~~

~~~~~~

~~~~~~

~~~~~~

~~~~~~

4단계

성인자아가 어린자아에게 다음과 같은 말을 해줍니다.

"사랑한다. ○○야."

"내가 항상 네 옆에 있을 거야."

"이제 나와 함께 있으니 너는 안전하단다."

"내가 너를 계속 돌봐줄 거야."

"언제든지 네가 원할 때 나에게 기대렴."

"넘어져도 괜찮아. 내가 너를 붙잡아줄 거야."

5단계

성인자아가 외로운 어린자아와 함께 초원에 앉아 서로를 바라봅니다.

6단계

성인자아의 입장에서 어린자아에게 편지를 씁니다. 다 쓴 후 편지를 상자에 보관하거나 촛불에 태웁니다. 재를 바람에 날리며 의식을 마칩니다.

저는 어린자아를 떠올렸을 때 불쌍한 마음이 들지 않아요. 너무
싫고 추악하게 느껴져요. 위로해주고 싶은 마음이 전혀 들지 않
아요.

그럴 수 있습니다. 놀림받고 상처받았던 어린자아의 모습이 부끄럽
다고 느낄 수 있으니까요. 모든 것이 내 잘못이라고 생각한다면, 자
신을 위로해주고 싶지 않을 것입니다. 그럴 때는 6단계를 모두 다 거
칠 필요가 없습니다. 자신에게 연민이 생길 때까지 시간을 가지세
요. 너무 서두를 필요는 없습니다.

5_{week}5

심리적
경계선

사례1. 느슨한 심리적 경계선

치료자　○○씨는 어떤 심리적 경계선에 자신이 속한다고 생각하세요?

내담자　저는 제 경계선이 느슨하다는 걸 알고 있어요. 예전부터 친구들이 하
자는 대로 다 따라 하는 편이거든요. 약속 장소를 잡을 때도 친구가
편한 지역으로 잡고요. 음식 메뉴를 정할 때도 거절을 잘 못 해요. 그
음식을 먹으면 토할 것 같은데도요. 옷 가게를 가서도 점원의 눈치가
보여서 필요하지도 않은 옷인데 사는 경우가 많아요. 뭔가 내가 하고
싶은 대로 하면 상대방이 날 싫어할 것 같고, 뒤에서 이기적이라고 욕
할 것 같아서 두려워요. 좋은 점이라면 이렇게 사니까 적이 없다는 거
예요. 친구들도 다 저를 착하다고 해요. 그런데 사람을 만나고 집에 돌

아오면 알 수 없는 답답함에 빵을 잔뜩 사 와서 폭식과 구토를 해요.

사례2. 경직된 심리적 경계선

치료자 왜 유독 혼자 있을 때 폭식을 하게 될까요? ○○씨는 특별히 마음을 깊게 나누는 친구가 없는 것 같은데 친밀한 관계를 만들어보고 싶다는 생각을 해본 적은 없나요? 친한 친구가 있으면 힘들 때 이야기라도 나눌 수 있으니 힘이 될 텐데요.

내담자 글쎄요. 친밀감이 부족하다고 느껴본 적이 없어서요. 회사에서는 업무 얘기만 하면 되니까 불편하지 않아요. 오히려 제 사생활을 알려고 하는 사람이 더 부담스럽죠. 생각해보면 어렸을 때부터 딱히 친한 친구가 없었어요. 그냥 등하교를 같이하는 친구 정도였죠. 누군가에게 내 마음을 털어놓는 건 상상할 수 없는 일이에요. 얘기를 해서 뭐 하겠어요. 달라지는 것도 없고, 해결되는 것도 없잖아요. 특히 많이 힘들고 아픈 얘기는 더 안 하게 되죠. 내 약점이 들통나는 거니까요. '나 힘들어. 나 좀 알아봐 줘' 하면서 징징거리는 것 같잖아요. 그래서 아는 사람은 많은데 도움을 요청할 사람은 별로 없어요. 제가 사람들과 과하게 거리를 둔다는 건 알고 있는데 딱히 불편한 건 없으니까요. 그저 주말에 혼자 집에 있을 때 폭식이 심해지는 것뿐인데 저는 진짜 외롭지는 않거든요. 그런데 이상하네요. 선생님 말씀처럼 혼자 있을 때는 자꾸 조절이 안 되니까요.

심리적 경계선? 처음 들어보는 단어인가요? 쉽게 말해 심리적 경계선은 사람과 사람 사이에 존재하는 보이지 않는 마음의 선입니다. 내가 그은 선 안으로 다른 사람이 들어오지 못하도록 스스로를 보호하는 마음의 울타리이지요.

울타리가 적당히 세워져 있으면 스스로의 권리와 욕구를 충족시키면서도 사람들과 원만한 교류를 할 수 있습니다. 만약 울타리가 아예 없다고 생각해보세요. 주인 없는 집이라 생각해서 아무나 들어와 마당 안에 가꿔놓은 채소를 죄다 짓밟아놓을지도 모릅니다. 반대로 울타리가 너무 촘촘하고 높으면 누군가가 당신을 찾아오거나 도움을 주고 싶어도 쉽게 들어올 수 없어 그냥 지나가고 말 것입니다.

건강한 마음의 경계선은 엄마와의 관계를 통해서 형성됩니다. 막 태어난 아기는 엄마와 경계선이 없는 한 몸으로 인식하지만 0~3세 동안 자기의 몸을 인지하면서 엄마와 내가 하나가 아니라는 사실을 점차 깨닫습니다. 엄마가 건강한 마음의 경계선을 가지고 있다면 아이의 분리를 격려하고 지지할 것입니다. 만약 그렇지 못하다면 아이는 건강한 마음의 경계선을 획득하지 못합니다. 느슨한 경계선을 갖게 된 아이는 분리와 연관된 경험을 크게 불안해하고 그 불안을 해결하기 위해 타인과 자꾸 하나가 되려고 합니다. 그것이 안전하다고 생각하기 때문입니다. 그래서 자기의 욕구나 의견을 드러내지 않고 무조건 타인에게 맞추려는 태도를 갖게 되지요. 느슨한 경계선은 남들과 하나가 되려고 하는 경향이 있기 때문에 겉으로 보기에는 사람들과 두루두루 친하게 지내는 것 같습니다. 그러나 자기 자신과는 연결되지 않아 눌려왔던 욕구와 감정이 폭식이라는 형태로 폭발하는 악순환을 반복합니다.

반대로 너무 경직된 마음의 경계선은 타인과 가까워지는 것에 불안을 느껴 거리를 둡니다. 대개 엄마가 냉소적이거나 정서적으로 거리를 두었을 경우 아이가 경직된 경계선을 갖기 쉽습니다. 선불리 감정을 표현했다가는 엄마가 나를 거절하고 비난했던 것처럼 상대방도 역시 그럴 것이라는 불안 때문에 폐쇄적인 인간관계를 가집니다. 주변 사람들 눈에는 독립적이고 외로움을 안 타는 것처럼 보일지 몰라도 사실 내면은 그렇지 않은 것이죠. 내 자신의 마음과 연결되지 못하도록 정서를 고립시키기 때문에 먹는 것을 통해 관계에 대한 결핍을 채우려고 합니다.

아래의 목록을 참고하여 나는 어떤 마음의 경계선을 갖고 있는지 확인해보세요. 나의 상태라고 생각되는 문항에 체크해보세요.*

자신이 해당되는 심리적 경계선을 알아볼 수 있는 방법이지만 공인된 검사는 아닙니다. 그렇기 때문에 몇 개의 문항에 해당되느냐로 내가 그 경계선이라고 확정 지을 수는 없습니다. 다만 현재 내가 어느 경계선에 놓여 있는지 대략적으로 파악할 수 있습니다.

느슨한 경계선

▨ 나는 내 감정과 욕구를 분명하게 표현하는 것이 어렵다.

▨ 나는 주장이 강한 사람에게 쉽게 흔들리고 영향을 받는다.

---

* SIMON, Julie M. *The Emotional Eater's Repair Manual*. New World Library. 2012.

- 나는 마음이 상해도 쉽게 표현하지 못한다.

- 나는 때때로 나 자신이나 타인에 대해 말해보라는 강요에 마지못해 얘기한 후 혼자 수치심과 죄책감을 느낀다.

- 나는 다른 사람의 감정이나 문제에 너무 쉽게 휘둘린다.

- 나는 사람들이 나의 진짜 모습을 알 수 없게 하거나 때로는 나도 내가 어떤 사람인지 분명하게 모를 때가 많다. 다른 사람이 원하는 대로 나를 맞추다 보니 내 모습이 상대방에 따라 다르게 나타난다.

- 나는 다른 사람과 항상 접촉하길 원한다. 혼자 있는 걸 원하지 않는다.

- 다른 사람과 있을 때 매번 내가 다른 사람이 된 것 같은 느낌이 든다.

- 이성과 관계가 끝나면 헤어진 것이 전부 내 책임인 것 같고 한동안 불안하고 우울한 감정이 지속된다.

- 나를 싫어하는 사람이 있으면 어떤 점이 싫은지 알아내서 다시 그 사람의 마음에 들기 위해 애쓰는 편이다.

- 나는 수시로 문자나 이메일을 체크하며 회신하는 것에 압박을 많이 느끼는 편이다.

총 11개 중 7개 이상 해당된다면 느슨한 경계선이라고 할 수 있습니다.

경직된 경계선

- 나는 다른 감정보다 분노, 짜증, 좌절 같은 부정적인 감정을 잘 느끼는 편이다. 그런데 이런 부정적인 감정과 진짜 내 감정을 구별하는 것이 어렵다.

- 나는 다른 사람과 의견을 맞추는 것이 어렵고, 주장이 강한 편인 데

다 공격적이다.

- 나는 다른 사람의 의견에 잘 상처받고 예민한 편이지만 절대로 나의 진짜 감정을 다른 사람과 공유하지 않는다.
- 나는 때때로 나의 어떤 감정과 욕구를 부인한다.
- 나는 어떤 사안에서든 의견을 잘 굽히지 않는다.
- 나는 자주 비판적이고 냉담하게 표현한다.
- 나는 다른 사람의 깊은 고민이나 문제를 듣기 싫어한다. 내 문제 말고는 관여하고 싶지 않다.
- 나는 다른 사람의 요구나 감정에 엮이지 않도록 거리 두는 걸 선호한다.
- 나는 누구에게나 늘 같은 모습이다.
- 나는 다른 사람에게 나를 드러냈을 때 거부당해 수치심을 느낄까 봐 두렵다.
- 나는 다른 사람에게 실망하여 자신을 고립시키는 경향이 있다.
- 나는 이성관계가 끝났을 때 상대방을 비난하는 경향이 있고 뒤도 돌아보지 않고 정리하는 편이다.
- 나는 걸려오는 전화를 한 번 정도는 받지 않는다. 회신해야 하는 연락도 되도록 미루는 편이다.
- 나는 기분이 안 좋으면 누군가와 말하거나 접촉하는 걸 좋아하지 않는다.

총 14개 중 9개 이상 해당된다면 경직된 경계선이라고 할 수 있습니다.

나는 어떤 경계선에 해당하나요?

함께해볼까요?

내 마음의 경계선을 다시 그어요

아래의 방법으로 건강한 경계선을 가질 수 있습니다. 진단을 통해 알게 된 나의 경계선을 토대로 어떻게 건강한 경계선을 만들 수 있는지 살펴보고 실행해보세요.

느슨한 경계선일 경우

1. 내가 현재 진짜 원하는 것이 무엇인지 파악합니다.
2. 나의 현재 욕구를 5주 차, 1일에서 배운 '감정 걸음마'와 2일의 '꽁꽁 닫아놓은 욕구의 문 열기'의 내용을 바탕으로 표현해봅니다.
3. 타인으로 인해 감정이 상했을 때 관계가 끊어질 것을 염려해 무조건 참으면 안 됩니다. 상대방을 비난하지 않고 내가 어떻게 느끼는지 감정의 주체가 되어 표현해보려고 노력합니다.

예시

엄마, 엄마가 자꾸 구토를 했는지 안 했는지 확인하려는 말을 하니까 엄마가 나를 못 믿는 것 같고, 있는 그대로의 나를 받아주지 않는 것 같아서 속

상해요. (○)

엄마가 자꾸 구토했는지 안 했는지 물어보니까 짜증 나잖아. (×)

4. 정중하게 내가 원하는 것을 상대방에게 부탁합니다.

5. 매사에 작은 것이라도 거절하는 연습을 해봅니다.

경직된 경계선일 경우

1. 내가 제일 편하게 생각하는 사람에게 감정을 표현하는 연습을 해봅니다. 감정을 표현하는 것은 타인과 마음을 교류하는 방법이기 때문에 꼭 필요합니다. 결코 부끄러운 일이 아닙니다.

2. 드라마나 영화를 볼 때 볼륨을 꺼놓고 주인공의 감정을 느끼면서 시청해봅니다.

3. 감정일기를 써봅니다. 사건 위주가 아닌 내가 느낀 감정에 초점을 맞춰 써봅니다.

4. 명상을 하며 나의 신체에 초점을 맞추었다가 점차 나의 감정과 생각을 관찰합니다.

5. 취미 활동을 할 수 있는 정기적인 모임에 나갑니다.

5week 6

감정조절에
도움이 되는 것들

치료자　폭식 횟수가 확 줄어들었네요. 스스로를 보듬어주는 힘이 점점 커지
　　　　　는 것 같아요. 전에는 허한 감정들이 올라올 때 폭식으로 많이 풀었
　　　　　는데 그동안 어떤 변화가 생겼나요?

내담자　맞아요. 이제는 더 이상 제 감정을 음식으로 풀고 싶지 않아요. 저를
　　　　　그렇게 학대하고 싶지 않아요. 억지로 누르려 하지 않고 그냥 인정하
　　　　　려고 노력해요. 보기 싫었던 제 모습, 약했던 제 모습을 다독여주려고
　　　　　노력해요. 제가 잘못한 게 아니었으니까요. 새벽에 문득 알 수 없는
　　　　　쓰라린 감정들이 몰려올 때도 괜찮다고 스스로에게 말해줘요. '괜찮
　　　　　아. 괜찮아. 너는 혼자가 아니야. 이제까지 잘해왔어. 괜찮아.' 이렇게
　　　　　요. 그런 말들을 속으로 하면서 제가 좋아하는 음악을 듣고 있으면

진정이 많이 돼요.

치료자   성인자아가 위로의 말을 건네는 것 그리고 좋아하는 음악을 듣는 것
이 ○○씨의 어린자아에게 많은 위로가 되는 것 같네요.

자신의 감정을 인식하고 표현하고 나아가 성인자아가 마음을 잘
보듬어준다면 이제 감정을 음식으로 풀지 않아도 스스로 진정시킬 수 있
게 됩니다.

감정을 다스리는 방법을 하나 더 알려드리겠습니다. 자신에게 잘 맞는 오
감을 활용한 활동을 해보는 것입니다. 사람마다 자신에게 맞는 활동이 다
릅니다. 어떤 사람은 시각적인 활동에 진정이 되는 반면 어떤 사람에게는
시각보다 청각적인 활동이 더 강한 진정 효과를 가집니다. 따라서 자신에
게 잘 와닿는 감각을 찾는 것이 매우 중요합니다. 아래 목록을 참고하여 나
에게 가장 잘 맞고 편안한 감각이 무엇인지 찾아봅니다. 그리고 그것을 적
용한 활동을 감정을 다스리는 방법으로 활용해보세요.

1. Vision: 시각

예쁜 꽃 한 송이 사기

방의 한쪽 빈 공간을 예쁘게 장식하기

초를 켜놓고 불꽃을 바라보기

아름다운 예술품이 있는 박물관이나 전시회 가기

주변의 자연을 돌아보기

한밤중에 밖에 나가 별 감상하기

예쁜 거리를 걷기

손톱을 예쁘게 정리하기

책 속에 있는 아름다운 그림 쳐다보기

발레 같은 춤 공연을 관람하거나 TV를 통해 감상하기

보이는 각각의 장면에 얽매이지 말고 마인드풀한 자세로 보기

2. Hearing: 청각

아름답고 위안을 주는 편안한 음악 듣기

기분을 돋우는 흥겨운 음악 듣기

자연의 소리에 집중해보기(파도 소리, 새소리, 폭포 소리, 나뭇잎 소리 등)

좋아하는 노래 부르기

차분한 음악을 흥얼거리기

악기 연주하는 법을 배우기

모든 소리를 마인드풀한 자세로 들으며, 한쪽 귀에서 다른 쪽 귀로 지나가게 하기

3. Smell: 후각

가장 좋아하는 향수나 로션 바르기

화장품 가게에 가서 새로운 향수나 로션 발라보기

향수를 집 안 곳곳에 뿌려보기

향초를 켜기

가구를 레몬 향이 나는 기름이나 왁스로 닦기

방에 포푸리 두기

커피나 차를 끓여 향이 나게 하기

장미향 맡기

숲속을 걸으면서 자연의 신선한 냄새를 마인드풀하게 맡아보기

4. Taste: 미각

마음을 가라앉히는 음료 마시기

디저트 한 조각 먹기

아이스크림 가게에서 시식해보기

달콤한 사탕 핥아먹기

좋아하는 껌 씹기

비용이 얼마 들지 않고 간단하지만 특별한 음식 만들어 먹어보기

(예: 핸드메이드 오렌지 주스 등)

맛있는 음식을 천천히 음미하면서 마인드풀하게 먹어보기

5. Touch: 촉각

따뜻한 거품목욕 하기

침대 시트나 이불 홑청 갈기

개나 고양이 쓰다듬기

마사지나 안마 받기

따뜻한 물에 발 담그기

몸에 로션 바르기

머리에 차가운 것 올려놓기

몸을 편안하게 하는 의자에 파묻혀보기

실크 블라우스나 스카프 착용해보기

털이 있는 장갑이나 코트 입어보기

오랫동안 머리 손질하기

스스로를 안아보기

만져지는 것들을 마인드풀하게 모두 경험하기

 함께해볼까요?

건강한 방식으로 감정을 다뤄주세요

나에게 잘 맞는 활동을 정했나요? 적용했을 때 경험한 느낌을 적어보세요.

Tip.
오감 활동을 하면서 성인자아가 위로의 말을 해준다고 상상하면 더 도움이 됩니다. 아래는 엄마가 딸에게 해주는 사랑의 말입니다. 오감 활동을 진행하면서 자신에게 말해주거나 매일 아침 스스로에게 말해주는 것도 매우 좋습니다.

'네가 있어서 정말 기뻐.'

'늘 널 보고 있단다.'

'넌 정말 특별해.'

'엄마는 너를 사랑해.'

'네 욕구는 무척 중요해. 엄마한테 의지하렴. 다 도와줄게.'

'엄마는 널 위해 여기 있단다. 언제든 널 위해 시간을 낼 수 있어.'

'엄마가 안전하게 지켜줄게.'

'엄마 품에서 편히 쉬렴.'

'엄마는 너와 함께 있어서 즐거워. 넌 엄마의 마음을 환하게 해준단다.'

'완벽하지 않아도 괜찮아. 엄마는 지금 그대로의 너를 사랑해.'

몸과 마음은 하나

치료자 우리 본 지 꽤 됐죠. 그동안 잘 지냈어요? 많이 바빴나요?

내담자 네. 그동안 폭식증 때문에 시간을 낭비한 것 같아 이번 학기에 좀 욕심을 냈어요. 수업도 빡빡하게 듣고 방학 때 유럽여행을 갈 계획으로 아르바이트도 시작했어요. 그러다 보니 잠잘 시간이 없어요. 다니던 요가도 시간이 없어서 그만뒀어요. 늘 피곤하다 보니 전보다 커피를 많이 마셔요. 그런데요, 선생님. 한동안 안 하던 폭식이 갑자기 시작됐어요. 예전처럼 마르고 싶어서 밥을 안 먹는 것도 아니고 음식을 가려 먹거나 하지도 않는데, 낮에는 잘 지내다가 저녁에 지쳐서 집에 들어오면 폭식과 구토를 하고 씻지도 못하고 잠들 때가 많아요. 딱히 안 좋은 일이 있는 것도 아닌데 짜증도 잘 나고 너무 예민해졌어요. 우울하기도 해요. 뭐가 문제일까요?

치료자 그럼 일주일 내내 온전히 쉴 수 있는 시간이 거의 없었네요? 몸이 피곤하면 폭식이 생길 수 있어요.

내담자 네? 그게 어떤 상관이 있죠?

감정을 잘 조절하려면 내면세계를 돌보는 것과 마찬가지로 몸도 잘 쉬어주고 편안하게 해줘야 합니다. 쉽게 말해 피곤하거나, 아프거나, 굉장히 배가 고플 때 평소보다 예민해져서 부정적인 감정에 더 쉽게 휩싸이게 됩니다. 예전 습관이 나와 좋지 않은 감정과 몸의 고단함을 폭식으로 해결하려고 하는 것입니다. 때문에 미리 몸 상태를 점검해서 편안하게 잘 쉬어주고 돌봐주는 것이 감정조절을 위해서 꼭 필요합니다.

 함께해볼까요?

내 몸을 쉬어주세요

아래는 내 몸을 위해 해줘야 할 기본적인 사항입니다. 나는 어느 정도 지키고 있는지 살펴볼까요?

컨디션 살펴주기

이마에서 열이 나지는 않나요? 어젯밤 무리를 해서 많이 피곤하지는 않은가요? 몸이 나에게 보내고 있는 메시지를 주의 깊게 들어봅니다. 만약 약을 먹어야 한다면, 약도 먹고 휴식을 위해 스케줄을 조정합니다.

균형 잡힌 식사

너무 많이 먹거나 또는 적게 먹거나 영양소를 골고루 섭취하지 않는 것은 폭식과 깊이 관련되어 있습니다. 아무리 바쁘더라도 식사 계획을 잘 세워 내 몸을 굶주린 상태로 두지 않아야 감정조절을 잘할 수 있습니다.

충분한 수면

수면은 감정적인 안정감을 주는 데 매우 중요한 역할을 합니다. 잠을 많이 못 자서 피곤하거나 밤사이 악몽에 시달려 숙면을 취하지 못했다면 감정적으로 취약해질 수밖에 없습니다. 이런 상태에서는 폭식에 쉽게 노출됩니다. 피곤할 때 낮잠을 잔다거나 수면 시간을 늘리는 방법 대신 음식을 이용해 피곤함을 없애려 할 수 있습니다. 나의 수면상태를 파악해보고, 숙면을 방해하는 것이 있는지 생각해봅니다.

수면을 방해하는 술, 커피 줄이기

카페인은 몸 안에서 14시간 지속되어 수면을 방해합니다. 니코틴 역시 마찬가지로 뇌를 각성시켜 수면유도 호르몬의 분비를 억제합니다. 술은 처음에는 기분을 이완시키고 편안하게 만드는 것 같아도 뇌를 자극하고 몸의 신진대사를 원활하지 못하게 하기 때문에 수면에 좋지 않습니다. 특히 술을 마시면 더 폭식을 하게 되는 경향이 있으므로 조심해야 합니다. 커피, 술, 담배 등이 나의 수면상태를 어떻게 방해하고 감정에 어떤 영향을 끼치는지 관찰해보고 일상생활에서 어떻게 줄여나갈 수 있을지 생각해봅니다.

적절한 운동의 중요성

적절한 운동은 신진대사율을 높여주고 스트레스를 경감시켜주며 삶에 에너지를 선사합니다. 감정이 좋지 않아 폭식을 하고 싶다가도 운동을 하면 기분을 좋게 해주는 엔도르핀이 분비되기 때문에 폭식 욕구가 사라져 그냥 넘어갈 수 있습니다. 적절한 운동은 기분을 변화시켜 감정적 취약성을 감소시킬 수도 있습니다.

여기서 말하는 운동이란 실생활에서 쉽게 할 수 있는 신체적 움직임을 얘기합니다. 꼭 헬스장이나 체육관에 가지 않아도 괜찮습니다. 많은 시간을 투자할 필요도 없습니다. 단지 규칙적으로 하는 것이 중요합니다. 산책이라도 좋으니 규칙적으로 몸을 움직여주세요. 운동은 당신의 기분, 폭식 패턴, 구토 행동에 지대한 영향을 미칩니다.

주의! 절대로 칼로리를 소비하기 위해 운동하는 것이 아니라는 점을 명심하셔야 합니다.

적절한 운동 예시

지현이의 운동일지

월, 수 — 출근하기 전 15분 헬스장에서 러닝머신, 퇴근 후 집에서 20분 정도 스쾃, 밤에 뉴스를 보며 10분 스트레칭

화 — 퇴근 후 요가 30분

목 — 퇴근 후 필라테스 30분

금 — 야근 전 저녁을 먹고 회사 주변 10분간 산책하고 스트레칭

토 — 간단한 집 청소

일 — 집 근처 공원에서 자전거 타기와 스트레칭 30분

우리가 진정
원하는 것

"살만 빠지면 세상이 바뀔 거야. 얼굴이 작아지고, 허벅지가 가늘어지고, 몸매가 날씬해지면 내가 가진 모든 문제가 다 해결될 거야. 자신감도 생기고 주변 사람들에게 인정도 받고 관심도 받을 거야. 남자들에게 인기도 많아지고 취직도 잘될 거야."

아마 다이어트에 집착하는 많은 여성이 이렇게 생각하고 있을 것입니다. 외모지상주의 사회에서 일정 정도 맞는 말이긴 합니다. 하지만 분명 과장된 믿음이지요. 외모만으로 찾은 자신감이 얼마나 오래갈 수 있을까요? 과연 안정적일 수 있을까요? 외모 때문에 이성에게 인기가 많다는 것과 사랑하는 사람과 좋은 관계를 맺고 행복하게 지낸다는 것은 전혀 다른 문제입니다. 또한 능력을 발휘해서 무언가를 성취하며 얻는 자신감과 날씬하다고 얻어지는 자신감은 다릅니다. 우리가 진정 원하는 것은 어느 쪽일까요?

당신은 이미 알고 있습니다. 심리적 문제psychological conflict가 신체적 해결책physical solution으로 사라지지 않는다는 것을요. 그런데 왜 날씬해지는 데에만 집착하게 되는 걸까요? 오래된 자기비하와 부끄러움, 부모님에 대한 복잡한 감정, 불확실한 미래에 대한 불안감 등의 문제가 절대 쉽게 해결될 것 같지 않으니 날씬해지고자 하는 집착으로 도피하는 것입니다. 문제를 해결해낼 자신이 없다는 사실에 직면하기가 너무도 힘겨워 차라리 더 편하고 쉬운 마른 몸에 대한 집착에 빠져듭니다. 더 거대한 심리적 문제에서 도망치기 위해 비교적 컨트롤하기 쉬워 보이는 문제를 택하는 것이지요.

이제 잠시 멈춰 서서 나의 진짜 문제를 바라봐주세요. 도망가지 말고 나를 정면으로 바라봐줄 시간입니다.

———

다이어트와 몸매에 집착하면 점점 가시적이고 물질적인 것만 믿게 됩니다. 날씬한 몸, 많은 돈, 화려한 성공, 좋은 집과 차 같은 눈에 보이는 것에만 집착합니다. 신뢰, 사랑, 우정, 배려 같이 눈에 보이지 않는 가치는 믿을 수 없게 됩니다. 혹시 다이어트가 현대 사회에 인간성이 메말라가는 데에 일조하고 있는 것은 아닐까요? 비단 과장된 추측만은 아닐 것입니다.

6주 차

건강한
생각

몸과 마음이 도덕으로 충만한 것을
아름다움이라 한다.

＿요한 볼프강 폰 괴테

"최근 늘어난 체중 때문에 거울도 일부러 안 봐요. 내 모습이 너무 뚱뚱하고 못생겨 보여서 쳐다보면 기분이 안 좋아지거든요. 한동안 외출을 안 했는데 학교 개강이라 어쩔 수 없이 밖에 나갔어요. 아는 사람이라도 마주칠까 봐 마음을 졸이면서 걸어가고 있는데 아니나 다를까 아는 선배를 만난 거예요. 선배는 나를 보자마자 얼굴이 좋아졌다며 인사를 했는데 순간 '얼굴이 좋아져? 내가 지금 살이 쪄서 보기 흉하다는 소리인가?'라는 생각이 들었어요. 너무 울고 싶었고 사람들이 다 나를 보고 살이 쪄서 보기 흉하다고 욕하는 것 같아서 수업도 못 듣고 그냥 집으로 돌아왔어요. 돌아와서 집에 있는 과자, 빵, 밥을 다 꺼내서 폭식을 했어요."

내 안에 어두운 생각이 가득 차면 상황을 바라보는 해석도 달라집니다. 객관적으로 받아들이기보다는 부정적인 입장에서 상황을 보기 쉽지요. 어떤 생각을 갖고 있느냐에 따라 상황을 바라보는 해석이 달라지기 때문에 당연히 감정에도 직접적인 영향을 끼칠 수밖에 없습니다. 특히 폭식증이 있는 분들은 내 몸에 대해 안 좋은 바디이미지를 갖고 있어 체중이 늘었을 때 아무리 좋은 말을 들어도 자기패배적인 사고로 해석하는 경향이 강합니다.

위의 사례에서 '내 자신이 보기 흉하다'라는 부정적인 해석이 우울한 감정을 불러일으켰고 수업도 못 듣고 집에 돌아가는 행동으로 연결되었습니다. 이런 부정적인 감정을 '마음고픔으로 인한 폭식'으로 해결한 것이지요.

내 안의 어두운 생각은 바디이미지에만 국한되는 것이 아닙니다. 나의 능력, 자질, 사람들과의 관계, 과거와 미래까지 삶의 모든 영역에 영향을 끼치기 때문에 결국에는 자신을 사랑하지 못하게 됩니다. 또한 부정적인 생각을 실제 자신으로 느껴 '마음고픔으로 인한 폭식'에 쉽게 빠질 수 있습니다.

생각과 감정, 행동은 하나로 연결되어 있습니다. 따라서 폭식을 없애려면 내가 가지고 있는 어두운 생각을 먼저 파악하는 것이 중요합니다. 그 생각이 내 마음 안에서 어떻게 작용하고 있는지 알아보고 5주 차에서 배운 성인자아를 활용하여 보다 건강하고 합리적인 생각으로 바꾸어야 합니다.

내 안의 어두운 생각이 무엇인지 그리고 그 생각은 언제부터 형성됐는지, 어떻게 하면 성인자아를 활용하여 보다 건강하고 합리적인 생각으로 바꿀 수 있을지, 이제부터 알아봅시다.

누구에게나 있는
왜곡된 믿음

치료자 세 끼 식사를 꼬박꼬박 지키려고 많이 노력하고 있군요. 애쓴 덕분에 처음 병원에 왔을 때보다 많이 안정이 되었어요. 정말 잘하고 있습니다.

내담자 글쎄요. 제가 잘하고 있는 건가요? 세 끼 식사를 하기 위해 노력하고 그렇게 먹고 있지만 아직 피자나 치킨, 이런 음식은 먹기가 힘들어요. 이런 음식을 가리는 걸 보니 아직도 갈 길이 멀다는 생각이 들어서요.

치료자 살찔 것 같은 음식은 아직 먹기 힘들다는 말인가요?

내담자 네.

치료자 한 번에 완전히 모든 증상을 다 없앨 수는 없겠죠. 그런데 식사가 안정된 것만으로도 충분히 잘하고 있는 것이니 스스로를 조금 더 격려해주세요. 늘 느끼는 것이지만 ○○님은 잘하고 있는 부분은 당연하다고 여기고 잘되지 않는 부분만 너무 강조하는 것 같아요.

내담자 아, 제가 좀 그런 경향이 있죠. 생각해보니 어릴 때 잘한 것에 대한 칭찬을 거의 받아본 적이 없어요. 그래서 그런지 선생님 말씀대로 제가 잘하는 부분이 있어도 일단 안되고 있는 면이 더 크게 보여요.

잘못된 신념이나 사고는 체중, 체형, 자기 존중 등 삶의 모든 문제에 악영향을 끼치기 때문에 왜곡된 믿음을 알아내는 것은 매우 중요한 작업입니다. 아래의 내용은 살면서 누구나 가질 수 있는 왜곡된 믿음입니다. 잘 살펴보고 나는 어느 부분에 많이 취약한지 알아봅니다.

1. 파국화 | 사건의 부정적인 측면을 과대평가

"내 체중이 증가했다는 걸 다른 사람들이 금방 알아차릴 테니 난 아무도 만날 수 없어요."

"폭식증을 고치겠다고 병원까지 온 내가 이렇게 많이 먹고 있으니 아무리 치료를 해도 나아지지 않은 거예요."

"조심해! 무슨 일이 일어날지 몰라!"

혹시 안전과민증인 엄마 밑에서 자랐나요? 엄마가 항상 안 좋은 일이 벌어질까 봐 걱정하고 불안해했나요? 엄마가 비 오는 날이면 학교 가는 길에 차 사고가 날지도 모른다고 항상 걱정했나요? 평범한 일상에서도 늘 최악

214

의 상황을 상상하며 불안해하는 양육환경에서 자랐다면 세상은 안전하지 못하고 무서운 곳이라는 메시지를 받았을 것입니다. 이럴 경우 어려운 상황이 닥치면 그것을 적절하게 다루지 못하고 매우 파멸적인 상황으로 생각하며 그것을 사실이라고 믿게 됩니다. 만약 체중에 대한 것이라면 살이 찐 이후의 상황에 대해 막연한 불안과 공포심을 키우기 때문에 '마음고픔으로 인한 폭식'으로 연결될 수 있습니다.

2. 이분법적 사고 | '전부' 아니면 '아무것도 아닌', '좋다' 아니면 '나쁘다'

"한 주에 한 번이라도 폭식을 했다면, 결국 자기조절에 완전히 실패한 거예요."
"단것과 기름기 있는 것으로 폭식했으니, 오늘 하루는 완전 망했어요."

세상은 이분법으로 나눌 수 없는 다양성을 가지고 있습니다. 모든 것을 흑백논리로 나누다 보면 먹는 습관에도 좋은 것과 나쁜 것에 대한 강박이 심해집니다. 일관되지 않고 예측 불가능한 양육태도를 가진 엄마와 어린 시설을 보냈다면 이런 이분법적 사고가 형성되기 쉽습니다.

3. 완벽주의 | 성취에 과도한 가치부여

"나는 몸매, 얼굴, 공부, 모든 것에 완벽해야 해요. 그래야만 가치 있는 인생이 될 수 있어요."
"나는 모든 사람에게 사랑받고 인정받아야 해요."

그동안 이뤄놓은 업적이나 결과물은 인정하지 않은 채 계속 결점과 실수만 생각하며 더 완벽하지 못했다고 괴로워하나요? 이런 경향을 가진 사람은 주 양육자에게 간접적이든 직접적이든 부정적인 피드백을 받으며 자랐을 가능성이 큽니다. 본인만의 틀로 자녀를 과잉 통제했다면 자녀의 입장에서 부모의 마음에 들기 위해 '모든 면에서 완벽해야 한다'는 신념을 갖기 쉽습니다. 무조건적인 사랑을 경험해본 적이 없기 때문에 어릴 적 엄마가 그랬듯 자기 자신에게 엄격한 잣대를 들이대며 냉정하게 평가합니다. 기준에 도달하지 못했을 때에는 스스로를 학대하며 불편한 감정을 폭식으로 풀어냅니다.

4. 개인화 | 자기와 관련짓기

> "길을 걷다가 지나치는 사람들이 웃으며 이야기 나누는 걸 보면 내 얘기를 하는 것 같아요. 요즘 2kg이나 늘었는데, 그것 때문에 내 다리가 너무 굵다고 말하는 것 같아요."
>
> "다른 사람들이 내가 먹는 것을 쳐다보면 '저렇게 뚱뚱한 애가 또 먹어'라고 생각할까 봐 너무 당황스러워서 아무것도 할 수가 없어요."

나와 전혀 상관없는 타인의 행동을 보면서 자기 자신에게서 원인을 찾은 적이 있나요? '저 친구의 표정이 왜 저렇게 어둡지? 내가 뭘 잘못했나? 시험 끝나고 놀러 가기로 했는데 나랑 가는 게 싫은가?' 어린 시절 부모님에게 이유 없는 비난, 거부, 비판을 많이 받았다면 문제의 원인을 자기 자신에게서 찾기 쉽습니다. 무엇이든 원인을 나 자신의 부족함이나 결점에서 찾다 보니 끝도 없는 자기 비난으로 이어지기 일쑤입니다. 결국에는 자아존중 감이 낮아집니다. '내가 조금만 더 공부를 잘해서 착한 딸이 되었더라면 엄마가 술을 먹지 않았을 텐데'와 같이 인과관계가 전혀 없는 일을 과도하 게 나의 문제로 해석하고 있다면 점검해볼 필요가 있습니다.

5. 과도한 일반화 | 관계가 있을 수도 있고, 없을 수도 있는 연속적인 사건들을 연결하기 위해 부정적인 사건 하나를 이용하는 것

"어렸을 때 뚱뚱하다고 친구들이 괴롭혔어요. 그러니까 다시 살찌면 모든 사 람이 나를 괴롭힐 거예요."
"후식을 조금 먹고도 구토했으니, 나는 평생 동안 절대 식이장애에서 벗어날 수 없을 거예요."

관련이 있을 수도 있고, 없을 수도 있는 일련의 사건들을 묶어서 일반화 할 때 극단적인 단어를 사용한다면 내가 과도한 일반화를 하고 있지는 않 은지 돌아봐야 합니다. 예를 들어 '항상, 절대, 꼭, 아무도, 모두'라는 단어를 자주 사용하고 있나요? 부모가 비판적이고 수치심을 자극하는 말과 행동 을 자주 보였다면 이런 과도한 일반화를 버릇처럼 할지도 모릅니다. 도전하 려는 모습에 희망을 주기보다 좌절하게 하는 말을 많이 듣고 자랐다면 더 욱 그럴 수 있습니다.

6. 부정적인 것은 확대, 긍정적인 것은 최소화 | 성취한 것이나 칭찬은 받아들

"폭식을 하지 않았지만 여전히 하고 싶다고 느끼니까 결국 실패한 거예요."

"2주에 2일간 폭식과 구토를 했으니 나는 아직 고치려는 의지가 부족해요."

나의 능력이나 장점은 쉽사리 간과하고 실수나 단점은 부풀려서 말하는 경향이 있나요? 어릴 적 부모님이 칭찬에 인색해서 격려받지 못하고 지적만 많이 받아왔다면 결점이 발견되는 것에 강한 두려움을 가질 수 있습니다. 그래서 되려 자기의 결점을 스스로 고백해버리는 경향이 강합니다. 상대방은 전혀 눈치채지 못했는데 말이지요. 또 아무리 상대방이 칭찬을 해줘도 끊임없이 자기 결점을 얘기하며 자신의 장점이나 성과를 깎아내립니다. 이런 사고패턴은 나를 인정해주지 않습니다. 결점만 계속 들추기 때문에 자신이 충분하지 않다고 느끼고 결국 긴장과 불안감을 부추기지요. 잘한 부분은 인정하고 잘 안되는 부분은 격려하는 연습이 필요합니다.

7. 책임전가 | 항상 환경이나 다른 사람 탓으로 책임을 돌리는 것

"엄마가 항상 간식거리를 잔뜩 사 오기 때문에 폭식을 그만둘 수가 없어요."

"날 챙겨주는 사람은 아무도 없어요. 너무 외로워서 폭식을 해요. 친구들도 나를 찾지 않아요."

결과가 좋지 않을 때 또는 편하지 않은 감정이 찾아올 때 항상 외부 환경이나 다른 사람 탓으로 책임을 돌리는 사람이 있습니다. 부모가 작은 일에도 비난을 많이 했었다면 이런 왜곡된 신념을 갖기 쉽습니다. 삶을 개선할 힘이 스스로에게 없다고 생각하기 때문에 고통의 원인이 자기 자신이 아니라고 생각하지요. 그리고 원인을 외부 환경이나 다른 사람에게서 찾습니다. 나는 그 결과에 아무 책임이 없다고 생각하면서 말이죠. 계속 책임을 전가하면 자신의 내면을 살필 수 없는 사람이 됩니다. 책임전가를 그만두고 자신이 힘들어하는 고통스러운 부분에 스스로 집중해볼 때에 비로소 변화가 일어납니다. 그 누구도 내 삶을 책임져 줄 수 없습니다. 변화를 일으킬 수 있는 사람은 오직 나뿐입니다.

8. 미신적 사고 | 관련이 없는 사건의 인과관계를 믿는 것

"이 과자를 먹으면 바로 살이 쪄서 배가 튀어나올 거예요."
"몸무게가 1kg 줄어드니까 가게 점원들까지 친절해지던데요?"

객관적으로 봤을 때 전혀 인과관계가 없는 상황임에도 부정적인 생각을 억지로 연관 짓지는 않나요? 특히 폭식을 하고 난 뒤나 유난히 외형에 집착할 때면 모든 상황을 먹는 것과 연관 지어 바라보기 쉽습니다. 이런 습관은 부정적인 바디이미지를 만들기 때문에 매우 조심해야 합니다. 내 안에서 '그럴 것이다'라고 규정짓기 시작하면 선글라스를 끼고 세상을 보는 것처럼 모든 것이 내가 정한 원인으로 읽힙니다. 이런 생각은 과도한 불안을 조장합니다. 미신적 사고에서 한 걸음 떨어져서 자신의 생각을 냉철하게 바라보는 연습이 필요합니다. 스스로 객관화하는 것이 어렵다면 타인과 얘기를 나눠보는 것도 도움이 됩니다.

9. 독심술의 오류 | 다른 사람의 생각을 전부 알고 있다고 인식하는 오류

"사람들이 내가 음식을 제한하는 걸 부러워하는 게 분명해요."
"사람들이 내 뚱뚱한 허벅지를 보고 속으로 욕하는 게 분명해요."

'넌 내 손바닥 안이야' '네가 아무리 그렇게 말해도 아니라는 것을 난 알고 있어'라고 생각하진 않나요? 타인과 세상을 믿지 못하는 부모에게 영향을 받았거나 혼자 너무 깊게 생각하는 버릇이 있다면 타인도 나와 똑같이 생각할 것이라고 믿기 쉽습니다. 이런 사고 역시 미신적 사고처럼 음식에 대한 불안과 잘못된 바디이미지를 심어줄 수 있습니다.

 함께해볼까요?

왜곡된 믿음을 들여다보세요

앞의 목록을 중심으로 왜곡된 믿음이 나의 감정과 행동에 어떤 영향을 끼쳤는지 적어봅니다.

- 나의 대표적인 왜곡된 믿음은?

  개인화, 자기와 관련짓기—아침마다 체중을 잰다. 체중이 조금이라도 늘면 만나는 사람마다 다 나를 보고 비웃는 것 같다.

- 그로 인해 생기는 부정적인 감정은?

  내 자신이 부끄럽다. 우울하다. 화도 난다.

- 그것이 행동에 끼치는 영향은?

  그날 하루는 곧바로 폭식과 구토로 이어진다.

작성

- 나의 대표적인 왜곡된 믿음은?

  ~~~~~~

- 그로 인해 생기는 부정적인 감정은?

  ~~~~~~

- 그것이 행동에 끼치는 영향은?

  ~~~~~~

왜곡된 믿음은
언제 자주 떠오를까?

치료자   점심을 먹고 오후쯤에 폭식과 구토를 하네요. 이 시간에 특별히 힘들거나 자주 떠오르는 생각이 있나요?

내담자   아침에는 가족들이 있고 혼자 생각할 틈이 없다 보니 그냥 넘어가는데 오후엔 딱히 할 일도 없고 집에 혼자 있으니 살에 대해 자꾸 생각을 하게 돼요. 체중이 늘어서 운동을 열심히 해야 하는데 맨날 무기력하게 있는 자신이 한심하고 마음에 들지 않아요.

치료자   그럼, 아무런 스케줄이 없는 시간에 부정적인 생각을 많이 하게 되는 거네요. 그게 폭식으로 연결되고요.

내담자   네, 그리고 보니 딱 학원 가기 전에 그런 생각이 들고, 그걸 잊으려고 자꾸 먹게 되는 것 같네요.

폭식할 때를 잘 떠올려보세요. 항상 같은 시간대, 같은 상황에서 폭식을 하고 있지는 않나요? 다른 사람은 긍정적으로 넘어갈 수 있는 상황인데 유독 나는 자꾸 걸려 넘어지나요? 그렇다면 나의 왜곡된 믿음이 상황을 부정적으로 해석하기 때문일지 모릅니다. 지피지기면 백전백승이라고 했습니다. 내가 어떤 상황에서 자주 왜곡된 믿음을 떠올리는지 점검해봅니다. 알게 되면 그 상황이 펼쳐질 때 자동적으로 폭식으로 가지 않고 건강한 방식으로 감정을 풀 수 있습니다.

 함께해볼까요?

왜곡된 믿음 출몰 지역 파악!

어떤 상황에서 왜곡된 믿음이 잘 작동하는지 생각해보고 써봅니다.

예시

상황	학교를 오고 가는 길에 다리가 마른 여자들을 많이 마주친다.
그 상황에 나타나는 왜곡된 믿음은?	마른 여자들의 다리와 내 다리를 자꾸 비교하게 되고, 살을 뺄 노력을 안 하는 내 자신이 게으르고 실패한 사람처럼 느껴진다.
그 상황에 느껴지는 신체감각은?	가슴이 답답하고 어떨 때는 다리가 후들거리기도 한다.
그 상황에 느껴지는 감정은?	불안하고 긴장된다. 내 자신이 싫고 혐오스러운 감정이 올라온다.

이 글을 쓰는 지금, 떠오르는 생각은?	글을 쓰면서 생각이 정리된다. 학교에서 나보다 마른 여자들의 다리를 볼 때마다 무언가 먹고 싶다는 생각이 자주 들었다. 그게 나의 왜곡된 믿음이 작용해서 그랬다는 걸 쓰면서 알게 되었다.

작성

상황	
그 상황에 나타나는 왜곡된 믿음은?	
그 상황에 느껴지는 신체감각은?	
그 상황에 느껴지는 감정은?	
이 글을 쓰는 지금, 떠오르는 생각은?	

오래전 형성된
'나만의 믿음'

치료자 한 주 동안 기분이 어땠어요?

내담자 그냥 계속 우울했어요. 뭘 해도 기분이 좋지 않았거든요.

치료자 하루 동안 어떤 생각을 많이 하세요?

내담자 그냥 저는 뭘 해도 잘하는 것 같지 않아요. 항상 부족하다고 생각하거든요. 칭찬을 받아도 믿어지지 않아요. 학점을 잘 받은 것도 어쩌다 운이 좋아서 그렇게 된 것 같고, 어쩌다 외모를 칭찬받으면 인사치레로 기분 좋으라고 한 말 같아서 되레 기분이 나빠질 때도 있어요. 난 부족한 인간이니까 끊임없이 뭔가를 해야만 하고 또 잘해야 한다고 생각해요. 그런데 간신히 주어진 일을 해낼 뿐이니까 제 자신이 마음에 들지 않죠. 그러다 실수라도 하거나 체중이 늘면 여지없이 폭식이 나타나요.

치료자 '자신이 부족하다'는 믿음이 실제 사실처럼 다가오는 거죠?

내담자 네. 아무리 아니라는 말을 들어도 믿어지지 않아요.

치료자 그렇군요. 나에 대한 이런 잘못된 믿음들이 폭식에 많은 영향을 끼치고 있네요.

지금까지 보편적이고 일반적인 '왜곡된 믿음'을 살펴봤다면 이번에는 아주 어릴 때 형성되어 내 안에 깊게 뿌리내린 '나만의 잘못된 믿음'을 점검해볼 것입니다. 다른 말로 하면 내가 나 자신을 기본적으로 어떻게 바라보고 생각했는지 들여다보는 것입니다. 앞의 상담 사례는 스스로를 항상 부족한 사람으로 인지했습니다. 어떤 일을 하든지 부정적으로 생각하다 보니 감정이 불편하고 힘들어 결국 폭식을 하게 되었지요. 마음 깊숙한 곳에 자리 잡은 '나만의 잘못된 믿음'을 뽑아내야 비로소 조절되지 않던 감정을 회복할 수 있습니다. 24시간 나를 몰아세우는 믿음이 있다면 어떤 것인가요? 그리고 어디로부터 와서 생겨났을까요?

 함께해볼까요?

나만의 잘못된 믿음을 찾아보아요

1. 조용한 장소를 찾아 눈을 감고 편안한 자세로 앉아봅니다.

2. 천천히 심호흡을 10회 정도 반복합니다.

3. 길게 숨을 들이마시고 내쉬면서 나의 모든 신체감각에 집중합니다.

4. 외부로 향했던 시선을 서서히 나의 내면으로 돌려봅니다.

5. 스스로에게 다음과 같은 질문을 던져봅니다.

   - 나는 나를 어떤 사람이라고 생각하나요?

   - 나에게 어떤 말을 제일 많이 하나요?

   - 다른 사람들의 눈치를 보며 스스로를 계속 채찍질하나요?

   - 잘못된 믿음은 누구에게 가장 영향을 받아 생겨났을까요?

6. 다음 빈칸을 완성해봅니다.

예시

잘못된 믿음	늘 내가 생각한 것을 지켜야 하는데 행동이 안 따라주면 스스로 비난하게 된다. 생각과 행동이 같아야 모순적이지 않은 사람이라고 생각한다.
내 삶을 어떻게 이끌어왔는지?	해야 할 일은 반드시 해내고 지켜야 할 규칙은 반드시 지켜야 한다고 생각했고, 그러다 보니 늘 모범생으로 살아왔다. 그 덕분에 이룬 성취도 많지만 그걸 지켜내지 못했을 때 스스로가 너무 창피하고 역겨웠다.
그 믿음이 하루에 나를 지배하고 있는 정도는? (0/10점)	10점. 왕창 폭식할 때 빼고는 늘 머릿속을 떠나지 않는다.

그 믿음과 관련해 가족에게 자주 들었던 말은?	어렸을 때부터 엄마는 '아는 걸 못 지키는 게 제일 나쁜 거다'라고 말했었다. 이 말이 뿌리 깊게 박혀서 현재 내 생활 전반에 영향을 준다. 스스로 심하게 몰아붙이는 편이다.
이 글을 쓰는 지금, 떠오르는 생각은?	나를 모순적인 사람이라고 생각했는데 이 글을 쓰면서 내가 생각보다 엄마의 말에 영향을 많이 받아왔고, 이 생각 때문에 스스로를 괴롭혀왔다는 걸 조금이나마 알게 된 것 같다.

작성

잘못된 믿음	
내 삶을 어떻게 이끌어왔는지?	
그 믿음이 하루에 나를 지배하고 있는 정도는? (0/10점)	
그 믿음과 관련해 가족에게 자주 들었던 말은?	
이 글을 쓰는 지금, 떠오르는 생각은?	

228

잘못된 믿음을 생각하다 보니 그 원인을 자꾸 엄마에게서 찾는 것 같아 죄책감이 들어요.

사람은 나고 자란 곳에서 가치관과 생각이 형성되기 마련입니다. 그래서 그렇게 느껴질 수도 있습니다. 그렇지만 이것은 '나만의 잘못된 믿음'을 자세히 알아보자는 것이지 누구의 잘잘못을 논하자는 것이 아닙니다. 잘못된 믿음은 가족 아닌 다른 요소에 의해서도 얼마든지 형성될 수 있습니다.

식이장애와
건강한 성인자아 분리하기

내담자 어느 날은 내 몸이 적당히 마른 것 같고 괜찮아 보여요. 그럼 그날은 기분이 좋아요. 그런데 어느 날은 다리가 유독 두꺼워 보일 때가 있어 요. 그러면 온통 지나가는 여자들의 다리만 보이고 하루 종일 제 다 리가 마음에 들지 않아서 기분이 안 좋아요. 온종일 이 생각뿐이라 수업도 집중이 안 되고, 내일부터 어떻게 하면 밥을 덜 먹을 수 있을 지만 생각해요.

치료자 식이장애가 나타나 그날 ○○씨의 생각을 지배했군요.

내담자 그렇게 말하니까 낯설게 느껴지네요.

치료자 식이장애가 만들어내는 생각에 내가 압도된 것뿐이지, 그 생각이 자 기 자신은 아닙니다. 신체에 과다하게 집착하고 신경 쓰는 것, 식사량을 줄이려고 고민하는 것, 이런 생각들은 식이장애의 증상입니다. 이렇게 증상에 과도하게 압도되어 일상이 지장을 받을 때 건강한 성인자아가 ○○ 씨에게 어떻게 말해줄 수 있을까요?

마음은 여러 부분으로 나뉘어져 있습니다. 식이장애가 나의 마음을 지배할 때는 과도하게 체형을 확인하거나 정반대로 회피해버리고 음식에 강박적인 태도를 보입니다. 평소와는 달리 식이장애 증상에 따라 나타나는 독특한 모습이지요. 만약 식이장애가 점점 커지면 자신의 진정한 자아인 성인자아는 기능을 잃고 식이장애가 내 삶을 차지하게 될 것입니다.

식이장애에 끌려가지 않고 건강한 성인자아가 내 삶을 이끌도록 하려면 제일 먼저 식이장애와 건강한 성인자아를 분리하는 연습을 해야 합니다. 처음에는 분리 작업이 어색하기도 하고 어려울 수 있습니다. 처음 해보는 것이니까요. 하지만 계속 연습하다 보면 식이장애가 어떻게 나를 자극하고 있는지 금방 알아차리게 될 것입니다. 음식을 두려워하는 나, 체중에 집착하는 나, 폭식 때문에 괴로워하는 나의 모습이 나의 전부가 아니라 지극히 일부에 불과하다는 것을요. 식이장애가 마음을 차지하려고 들면, 그 순간 알아차리고 나와 식이장애를 분리할 수 있는 힘을 갖게 됩니다. 이는 내 안의 성인자아의 힘이 커졌다는 증거이기도 합니다. 그럼 이제 분리하는 연습을 해봅시다.

함께해볼까요?

식이장애와 성인자아를 분리하는 연습을 해봅니다

자주 떠오르는 식이장애의 목소리와 그에 맞설 수 있는 건강한 성인자아의 목소리를 적어보세요.

예시

1.

식이장애 :

기름기 있는 음식, 단 음식은 절대 먹어서는 안 돼! 먹었다가는 살이 왕창 찔 거야.

건강한 성인자아 :

뭐든지 적당히 먹으면 괜찮아. 기름기 있고 달다고 해서 무조건 먹는 대로 살이 찌진 않아. 과도하게 먹는 걸 주의해야 해. 건강한 음식이라도 많이 먹으면 살이 찌기 마련이야. 무조건 금지하기보다는 먹고 싶은 것을 조금씩 허용해야 나중에 폭식할 위험이 줄어들어.

2.

식이장애 :

체중이 1kg 늘었으니 오늘 저녁은 굶어야겠다.

건강한 성인자아 :

저녁을 굶으면 다음 날 폭식할 수도 있으니 부담되지 않는 음식으로 먹어봐야지.

3.

식이장애 :

저녁 식사 약속에서 어차피 많이 먹게 될 테니 점심은 먹지 말자. 오랜만에 왕창 폭식하고 토해야지.

건강한 성인자아 :

오늘 자칫하다간 폭식하고 토할 수도 있겠어. 점심을 적당히 먹고 저녁 식사 때도 많이 먹지 않도록 조심해야지.

작성

1.

식이장애 :

~~~~~~

~~~~~~

건강한 성인자아 :

~~~~~~

~~~~~~

2.

식이장애 :

~~~~~~

~~~~~~

건강한 성인자아 :

~~~~~~

~~~~~~

3.

식이장애 :

~~~~~~

~~~~~~

건강한 성인자아 :

~~~~~~

~~~~~~

건강한 성인자아와의
대화

치료자 이제 식이장애가 ○○ 씨의 전부가 아니라는 것이 일상생활 속에서도 적용이 잘되나요? 어떤가요?

내담자 네, 이제 분리해서 바라보고 있어요. 폭식하고 구토하는 나, 살이 쪄서 자신감 없는 나, 그래서 모든 대인관계를 끊고 싶은 나. 이런 나의 모습을 그냥 나 자체, 나의 본래 모습이라고 생각해서 스스로가 한심하고 싫었어요. 그런데 그게 나의 일부라는 것을 알고 진정한 나와 분리해내기 시작하니 점점 건강한 성인자아가 뭔지 알 것 같아요.

치료자 그럼 식이장애 부분이 ○○ 씨를 심하게 흔들 때에는 어떻게 하나요?

내담자 저번에 알려주신 대로 대화를 하려고 계속 노력해요. 아직 쉽지는 않지만 그래도 조금씩 성인자아가 식이장애의 욕구를 달래고 어루만져주고 있어요. 예전에는 폭식 충동이 일어나면 빵집에 가서 미친 듯이 빵을 쟁반에 담았거든요. 이제는 빵의 개수를 조절해가면서 담아요. 이제 제가 갖고 있는 내면의 힘을 믿어보고 싶어요.

5주 차에서 배운 건강한 성인자아의 특성을 기억하나요? 식이장애가 나를 강하게 지배할 때는 그게 나 자체라고 오해하기 쉽지만 사실 식이장애는 나의 일부일 뿐 나의 존재 자체를 나타내는 것이 아닙니다. 사람은 누구나 진정한 내면의 힘을 가지고 있습니다. 누구에게나 갈등과 부조화를 조율하고 타협할 수 있는 건강한 성인자아가 있지요. 식이장애를 무조건 없애려 하기보다는 건강한 성인자아를 강하게 단련하여 내면의 대화를 통해 식이장애를 이해하고 보듬어가는 것이 더 효과적인 치료법입니다. 식이장애를 적이라고 생각하고 무찔러서 없애려고 하면 그 과정 속에서 다치는 사람은 자기 자신이니까요.

건강한 성인자아가 건넬 만한 적절한 말이 떠오르지 않을 때에는 생각나지 않는다고 스트레스받기보다는 평소 존경하던 사람을 떠올려보세요. 그 사람이라면 지금 나에게 어떤 말을 해줄 수 있을까요? 또는 내가 정말 아끼고 사랑하는 사람이 지금의 나와 같은 생각과 행동을 하고 있다면 어떤 말을 해주고 싶으세요? 당장은 아니더라도 분명 해줄 수 있는 말이 떠오를 것입니다. 내면의 대화가 익숙하지 않더라도 연습하다 보면 자연스럽게 평상시에도 내면과 많은 대화를 나누는 자신을 발견하게 될 것입니다.

식이장애와 건강한 성인자아 간에 대화를 나눠보세요

1. 내면에서 식이장애와의 대화가 시작될 때 글로 적어봅니다.
2. 식이장애가 하는 말에 건강한 성인자아가 대답할 수 없을 것 같을 때
   는 식이장애가 하는 말을 내가 아끼는, 가깝다고 느끼는 사람이 했다
   면 어떻게 대답해주었을까를 떠올린다면 도움이 될 것입니다.
3. 반드시 대화의 마지막 말은 건강한 성인자아가 하도록 합니다.

예시

식이장애 :

살이 찌면 누구도 날 좋아하지 않을 거야.

건강한 성인자아 :

살이 찌면 건강에 좋지 않고 외적으로도 약간 미워질 수 있겠지. 그렇지만
너 자체가 달라지는 건 없어. 남자친구와 친구들이 전적으로 너의 외모를
보고 좋아하는 건 아니잖아.

식이장애 :

그렇긴 하지만 마른 사람과 자꾸 비교가 되고 남자친구 역시 나를 싫어하게
될 것 같아.

건강한 성인자아 :

비교가 되겠지만 변하는 것에 가치를 두면 원하는 체중이 되어도 만족하기

힘들 거야. 전에 살을 많이 뺐을 때도 만족하지 못했었잖아.

식이장애 :

그랬지. 그래도 그때는 마르기라도 했잖아.

건강한 성인자아 :

힘들겠지만 생각 속에 빠져 있지 말고, 현실에서 해야 할 일에 집중하자. 내 가치는 거기에 있어.

작성

식이장애 :

~~~~~~

~~~~~~

건강한 성인자아 :

~~~~~~

~~~~~~

식이장애 :

~~~~~~

~~~~~~

건강한 성인자아 :

~~~~~~

~~~~~~

식이장애 :

~~~~~~

건강한 성인자아 :

책 속의 상담실 ···

내면과 대화를 시도하다 진정이 되지 않아 결국 폭식을 했을 때
는 어떻게 해야 하나요?

내면과 대화를 나누다가 그날따라 식이장애가 너무 강해 폭식과 구
토를 했다 하더라도 좌절하지 마세요. 자연스러운 치유 과정입니다.
내면과의 대화 목적은 단순히 폭식과 구토라는 증상을 없애는 것이
아닙니다. 주요 목적은 건강한 성인자아의 힘을 키우는 것에 있습니
다. 건강한 자아의 힘이 커지면 자연스럽게 증상도 약화됩니다. 힘을
기르는 과정에 당연히 크고 작은 굴곡이 있기 마련입니다. 늘 건강한
자아가 완벽하게 승리해야 하는 것은 아닙니다. 다시 한 번 말하지만
우리는 전투를 하는 것이 아니니까요. 비록 폭식과 구토를 했을지라
도 후에 건강한 자아가 '괜찮아. 내일부터 다시 힘을 내보면 돼'라고
다독일 수 있으면 되는 것입니다. 이런 후속 작업이 훨씬 중요합니다.

6 week 6

건강한 성인자아의
힘 키우기

치료자	식이장애와 건강한 성인자아를 분리하면서 어떤 변화가 있었나요?
내담자	식이장애가 만드는 생각이 올라올 때 전에는 그 생각에 끌려다니느라 하루를 다 망쳤지만 지금은 아니에요.
치료자	○○씨 안에 있는 건강한 성인자아가 더 강해지고 있나 보네요.
내담자	네, 맞아요. 그런 것 같아요. 건강한 성인자아는 제가 원하는 것을 하면서 살기를 바라요. 또 그럴 수 있다고 믿어요. 전에는 늘 다이어트 생각뿐이었어요. '이건 먹어도 되고 저건 먹으면 안 된다.' 음식에 대한 강박이 강해서 제가 어떤 인생을 살고 싶은지도 생각할 겨를이 없었어요. 늘 부정적이었죠. '나 따위가 뭘 하겠어?'라고 생각하니 늘 우울했고 그러다 보니 더 다이어트에 매달렸던 것 같아요. 다이어트에

성공해야만 내 삶이 나아질 거라고 믿었으니까요. 지금은 저번에 알려주신 대로 제가 하고 싶은 일을 하면서 재밌게 사는 모습을 매일매일 상상해요. 그러면 정말 제가 그렇게 된 듯이 기분이 좋아져요.

치료자　너무 잘하고 있는데요? 그렇게 긍정적인 상상을 하다 보면 실제로 그런 결과를 이뤄내기 위한 노력을 조금씩이라도 하게 되거든요. 그런 작은 행동이 건강한 성인자아의 힘을 점점 강하게 만듭니다.

　　　　내면에 잘못된 믿음이 꽉 차 있거나 식이장애가 강하게 내면을 차지할 때는 긍정적인 상상을 할 여유가 조금도 없다는 것을 경험했을 것입니다. 우리 뇌는 상상과 체험을 다른 것으로 구별하지 않기 때문에 안 좋은 생각을 하거나 미래를 부정적으로 상상하면 실제로 그런 일이 벌어진 것처럼 불안과 공포를 느낍니다. 그러니 될 수 있으면 긍정적으로 생각하고 미래에 되고 싶은 모습, 하고 싶은 일을 수시로 상상하세요. 감정을 조절할 수 있는 힘이 더욱 커지게 될 것입니다.

 함께해볼까요?

긍정적인 상상을 해보세요

긍정적인 상상 연습을 통해서 건강한 성인자아의 힘을 키워봅니다. 조용하고 안정된 공간을 찾아 편안한 자세로 앉습니다.

1. 눈을 감고 천천히 심호흡을 합니다.
2. 내 안의 건강한 성인자아가 신체 어느 부분에 위치해 있는지 느껴봅니다.
3. 건강한 성인자아가 이끄는 대로 내가 당장 미래에 하고 싶거나 되고 싶은 것을 상상해봅니다.
4. 장면을 떠올려보고 마치 실제 그곳에 내가 있는 것처럼 상상합니다. 장면이 구체적일수록 더 좋습니다.
   - 장소는 어디인가요?
   - 같이 있는 사람들은 어떤가요?
   - 당신은 어떤 자세를 취하고 있나요?
   - 당신은 어떤 표정을 짓고 있나요?
   - 그 상황에서 내가 어떤 말을 하기를 원하나요?

이런 긍정적인 상상을 평상시에 수시로 반복해봅니다.

상상하며 느꼈던 경험을 자유롭게 적어보세요.

건강한 성인자아가 신체 어느 부위에 위치해 있는지 느껴보라는 말이 무슨 뜻인가요?

사랑, 감사, 기쁨이라는 감정을 느낄 때 설명할 수는 없지만 좋은 기운이 몸 안에 꽉 차는 느낌을 경험해본 적이 있나요? 또는 마음이 허할 때 가슴이 뻥 뚫린 것 같은 감각을 느껴본 적은요? 건강한 성인자아 역시 추상적인 개념이지만 몸으로 느낄 수 있습니다. 그리고 그것을 감지했을 때 건강한 성인자아를 훨씬 가깝고 직접적으로 경험할 수 있습니다.

처방대로 하는 것이 어렵습니다. 긍정적인 상상이 떠오르지 않을 때에는 어떻게 하나요?

심호흡을 하며 나의 신체감각을 들여다보고 긍정적 위로를 해줄 수 있는 이미지를 상상해보는 일을 평상시에는 전혀 해본 적이 없기 때문에 어렵게 느껴질 수 있습니다.

긍정적인 상상으로 연결이 안 될 때에는 눈을 감고 호흡을 하며 신체감각 구석구석을 단순히 느껴봐도 좋습니다. 이런 활동들이 쌓이면 건강한 성인자아가 나를 어떻게 이끌기를 원하는지 알 수 있습니다.

식이장애와
건강한 성인자아 통합하기

  내 안의 식이장애가 만들어내는 왜곡된 믿음을 알게 되었나요? 건강한 성인자아가 아직 확고하게 자리 잡지 못해서 폭식을 하게 되었어도 너무 낙심하지 마세요. 나의 내면에서 무슨 일이 벌어지는지 아예 모른 채 식이장애에 끌려가는 것과 내 마음의 상태를 인식하면서 마지못해 끌려가는 것은 천지 차이입니다. 당신은 좋아지고 있어요.

  몸의 근육을 만드는 데 시간이 필요하듯 마음의 근육을 만드는 과정에도 시간과 인내가 필요합니다. 넘어지고 다시 일어나는 과정을 반복하다보면 어느새 건강한 성인자아가 내면의 모든 일을 조화롭게 관리하게 될 것입니다.

당신은 지금 어느 단계에 와 있나요?

1단계: 미분리 단계

식이장애와 건강한 성인자아가 분리되지 않은 상태입니다. 식이장애의 작용을 이해하지 못한 채 폭식을 하고 있습니다. 식이장애와 건강한 성인자아가 서로 달라 구분이 가능하다는 사실을 아직 알지 못합니다.

2단계: 식이장애 우세 단계

식이장애에 더 이끌리는 상태입니다. 내면에 양립하는 모습이 있음을 알아차렸지만 식이장애 부분이 아직 나에게 더 필요하다고 생각합니다.

3단계: 회유 단계

건강한 성인사아가 식이장애를 달래기 시작한 상태입니다. 건강한 성인자아를 인식하며 식이장애 행동을 하고 싶지 않은 단계입니다. 회복하기 위해 노력하지만 아직 적용하는 힘이 약해 식이장애 행동이 계속됩니다.

4단계: 지속 단계

건강한 성인자아가 강해지고 있지만 더욱 노력이 필요한 상태입니다. 건강한 성인자아가 회복에 도움을 줄 수 있다는 것을 알고 있기 때문에 내면의 싸움이 계속되는 단계입니다.

5단계: 기복 단계

건강한 성인자아가 거의 질서를 잡고 있으나 여전히 식이장애 부분이 조금씩 영향을 주는 단계입니다. 건강한 성인자아가 식이장애를 잘 달래고 있지만 스트레스를 받거나 상황이 매우 힘들어지면 식이장애가 등장합니다. 건강한 성인자아가 부분적으로 질서를 잡아가고 있는 단계입니다.

6단계: 강화 단계

건강한 성인자아의 힘이 강하지만 아직 식이장애의 오래된 잔해들이 남아 있는 상태입니다. 식이장애 부분이 완전히 사라졌다고 믿지만 사라진 지 오래되지 않았기 때문에 재발을 조심해야 합니다.

7단계: 통합 단계

식이장애 부분과 건강한 성인자아가 통합되어 회복된 상태입니다. 이제 쉽게 건강한 선택을 할 수 있습니다.

현재 내가 어느 단계에 와 있는지 써보세요.

좋았던 기억

자신이 무가치하고 한심하고 쓸모없고 볼품없는 인간이라고 믿고 있나요? 물론 그렇게 생각될 때가 있습니다. 어려서부터 안 좋은 일을 많이 겪어왔다면 그렇게 생각할 수 있습니다. 하지만 정말 기분 좋았던 일, 자신감과 성취감을 느꼈던 일이 한 번도 없는 사람이 있을까요? 실험을 한번 해 보도록 하죠. 조용히 눈을 감고 심호흡을 하면서 마음이 차분해지면 당신이 인생에서 성취해낸 작은 성공Small Victory 혹은 소소하게 기분 좋았던 기억을 떠올려보세요. 아주 어릴 때부터 지금까지 당신이 해낸 무수한 일을 찾아보세요.

아버지의 칭찬

어머니의 따뜻한 격려

수학 성적이 오른 일

그림을 잘 그려 교실 뒤 칠판에 붙은 일

피구를 잘하여 마지막까지 살아남았던 일

같은 반 남학생이 러브레터를 줬던 일

친구와 우정반지를 나누어 낀 일

동생과 사이좋게 지낸 일

오빠를 도와준 일

싸움을 잘한 일

집안일하고 용돈을 받은 일

아르바이트해서 번 돈으로 CD를 산 일

철봉 오래 매달리기에서 꽤 오래 버틴 일

의외로 발표를 잘 했던 기억

동네 꼬마들과 잘 놀아줬던 일

글을 재미나게 써서 칭찬받았던 기억

등등

어쩌면 당신은 이제까지 너무 높은 이상을 추구하면서 살아왔을지 모릅니다. 완벽을 추구하다 보니 늘 초조하고 불안하고 부끄럽고 두려웠을 수 있습니다. 완벽주의와 부끄러움 때문에 당신은 작은 성취, 소소하게 좋았던 기억을 마음속에서 지우고 있는지도 모릅니다. 잠시 완벽주의와 부끄러움을 내려놓고 자신의 삶을 다시 한 번 살펴보세요. 그리고 희미하게 지워져 있던 오래전의 긍정적인 기억을 찾아보세요. 만약 긍정적인 기억을 찾았다면 잠시 그 순간으로 돌아가 그때의 이미지를 떠올리면서 자신에 대한 좋은 느낌에 집중해보세요. 그리고 좋은 기억을 떠올릴 때의 신체감각에도

한번 집중해보세요. 이렇게 좋았던 기억을 찾아내 그 순간의 느낌
을 오롯이 느껴보는 시간을 서서히 늘린다면 당신을 힘들게 하던 '자신
에 대한 부정적인 믿음'이 서서히, 아주 서서히 줄어들 것입니다. 불변할 것
같던 그 믿음이 시간과 함께 지나쳐가는 잡념에 불과하다는 걸 깨닫게 될
것입니다.

7주 차

나를
사랑하기 위해
버려야 할 7가지

자기 자신이 되는 것,

그것이 바로 측정 가능한 내면의 아름다움입니다.

당신은 자신의 행복을 이루는 데

가장 중요한 최고의 친구입니다.

이 사실을 빨리 이해할수록

행복해질 수 있습니다.

_ 체리 런기

폭식증을 고치는 가장 큰 열쇠는 (눈치챈 사람도 있겠지만) 바로 나 자신을 사랑하는 마음입니다. 나 자신을 사랑한다는 것은 잘하는 일, 좋은 점만 인정해주는 것이 아니라 나의 연약한 부분, 감추고 싶은 과거, 깊은 상처까지도 감싸 안아주는 것을 말합니다. 나를 사랑할 때 감정을 조절하는 힘도 강해져 '마음고픔으로 인한 폭식'을 막는 거대한 방패가 되어줍니다.

5주 차와 6주 차에는 전부 나 자신을 있는 그대로 사랑하기 위한 적극적인 활동을 했습니다. 좋은 열매를 맺기 위해 거친 땅을 갈아엎듯이 마음속 가시덤불과 돌덩이를 걷어낸 것입니다. 마주하고 싶지 않아 땅속 깊이 묻어놓았던 부정적인 생각과 감정에게 도대체 언제부터 거기에 있었는지 물어봐 주고 기꺼이 함께 있어 주고 보듬어주었던 것, 모두 나를 사랑하기 위한 튼튼한 기초 작업이었습니다.

7주 차에서는 폭식증을 앓고 있는 사람이 공통적으로 가지고 있는 '나 자신을 사랑하는 데 방해가 되는 7가지 마음'을 들춰볼 것입니다. 갈아엎은 마음의 밭을 고르게 정리하는 것이지요. 내 마음을 더 건강하게 만드는 시간이 될 것입니다. 기대를 가지고 함께 나아가볼까요?

아듀,
비교하는 마음

내담자 선생님, 큰일 났어요. 체중이 다시 올라갔어요. 살고 싶지 않아요. 사
람들도 만나기 싫고 계속 집에만 있어요.

치료자 마른 몸에 그토록 집착하는 이유가 있나요?

내담자 당연히 있죠. 마르기라도 해야 제가 남들보다 조금이라도 특별하게
보일 거 아녜요. 제가 얼굴이 특별히 예쁜 것도 아니고 그렇다고 공부
를 아주 잘하는 것도 아니잖아요. 뭐 하나라도 다른 사람과 비교했을
때 괜찮은 게 있어야죠. 그냥 완벽한 사람으로 다시 태어나고 싶어요.
제 존재가 너무 부족하게 느껴져요. 태어나지 말걸 그랬어요.

치료자 마른 몸을 유지했을 때만 내가 남들보다 더 낫다고 느끼는 건가요?

내담자 네, 맞아요. 말랐을 때만 그나마 자신감을 가지고 사람들을 대할 수

있어요. 친구들과 비교했을 때 그거 외에는 정말 저에게는 아무것도 없거든요.

당신이라는 사람은 이미 특별합니다.

태어날 때부터 우리는 자주 비교를 받으며 자라기 때문에 자신과 남을 비교하는 것이 굉장히 익숙하고 당연한 일이라고 생각합니다. '태희는 언제 걸었어?' '민희는 이제 한글 뗐어?' '다예는 학교에서 이번에 몇 등 했는데?' '은서는 지금 키가 몇이야?' '예서는 이번에 어느 대학 들어갔대?' '수민이는 어느 직장 다니는데?' 등등 태어난 순간부터 수많은 비교 속에 갇혀 있다고 해도 과언이 아닙니다.

자라면서 들었던 대로 이제 내가 다른 사람과 나를 비교하기 시작합니다. 끊임없이 비교하며 내가 다른 사람보다 더 나은 위치에 있다는 것을 확인해야 그나마 좀 괜찮은 사람인 것처럼 느낍니다. 반대로 비슷한 나이와 비슷한 환경을 가진 사람과 비교해서 내가 더 못하다고 평가될 때는 스스로를 굉장히 가치 없고 쓸모없는 존재로 여깁니다.

폭식도 비교하는 마음과 큰 연관이 있습니다. 나보다 마른 여자를 봤을 때, 부정적인 감정에 압도되어 음식으로 감정을 풀려고 합니다. 무엇이 잘못된 것일까요? 정말 남보다 못한 내 자신이 문제일까요?

세상에 다양한 꽃이 존재하듯이 나 역시 누구도 모방할 수 없는 독특하고 유일한 존재로 세상에 태어났습니다. 장미와 백합 중 어느 꽃이 더 예쁜지 말할 수 없는 이유는 흉내 낼 수 없는 그 꽃만의 독특한 아름다움이 있기 때문입니다. 마찬가지로 나라는 사람은 타인과의 비교를 통해 존재가치를 매길 수 없습니다. 나라는 사람은 이미 아름답고 특별합니다.

이 책을 읽는 지금 이 순간부터 내 안에 비교하는 마음을 모두 내려놓습니다. 따지고 보면 비교의 기준은 시간이 지나면 변하거나 없어지는 것이 대부분입니다. 아름다움에 관한 기준이 대표적입니다. 변화하고 유동적인 것에 나의 뿌리를 두면 존재가치도 같이 흔들릴 수밖에 없습니다. 절대로 흉내 낼 수 없고 불변하는 나만의 독특한 장점과 매력이 무엇인지 생각해보세요.

혹시 "그런 건 나에게 없어"라고 말하는 사람이 있나요? 그동안 한 번도 생각해본 적이 없기 때문에 그런 것입니다. 보물찾기를 하듯 나만의 매력을 찾아보세요. 웃을 때 들어가는 보조개, 또렷하고 빛나는 눈동자, 빈 공간을 아름답게 꾸미는 능력, 가난한 사람을 불쌍히 여겨 돕고자 하는 마음, 예쁜 글씨체, 패션 센스, 다양함을 존중하는 태도, 다른 사람을 품는 수용력 등등 찾아보면 수없이 많은 매력이 있습니다.

 함께해볼까요?

나만의 매력을 찾아요

내가 남들에게 자주 듣는 칭찬은 어떤 것이 있나요?

나의 신체에서 매력적인 부분은 어디인가요?

나의 성품 중 가장 두드러지는 것은 무엇인가요?

아듀,
패배의식

내담자 이제 식생활은 어느 정도 안정이 됐는데 앞으로 뭘 해야 할지 너무 막막해요. 전공을 살리자니 자신도 없고, 재미도 없거든요.

치료자 아, 그렇군요. 그럼 어렸을 때부터 관심이 있었던 분야나 예전에 잘했던 것, 또는 남들이 칭찬했던 일부터 한번 천천히 생각해보면 어떨까요?

내담자 제가 잘할 수 있는 게 뭐가 있을까요? 전 아무것도 할 수 있는 게 없어요. 머리가 똑똑한 것도 아니고 그렇다고 얼굴이나 몸매가 뛰어난 것도 아니고, 특별히 잘하는 게 없네요. 무엇인가 시작하려고 해도 엄두가 나지 않아요. 해도 안 될 것 같아서요.

치료자 글쎄요. ○○씨가 잘하는 게 정말 없을까요? 어떤 일이든지 시작하기 전에 이미 '난 안 될 것 같다'는 패배의식을 가지면 시작하는 것 자체가 힘들지 않을까요?

이 세상에는 당신이 꼭 해야 할 일이 있습니다.

폭식과 구토를 반복하다 보면 스스로를 부정적으로 바라보기 쉽습니다. 특히 우울하고 무기력하면 '나는 무가치한 사람이야' '나의 앞날엔 희망이 없어' '세상은 살기 힘든 곳이야'라고 자신의 미래와 세상을 왜곡된 시선으로 바라볼 수 있습니다. 마치 이런 생각이 진실인 것처럼 받아들여서 자신을 제한하기 시작합니다. '나는 무가치하니까 할 수 없을 거야' '내 앞날엔 희망이 없으니까 하지 말자'라는 식으로요. 왜곡된 시야에 가려 자신을 과소평가하는 것뿐인데 당사자는 그걸 사실로 받아들입니다.

우리는 이 세상에 그냥 태어난 것이 아닙니다. 큰일이든 작은 일이든 반드시 내가 해야 할 몫이 있습니다. 여름에 선풍기나 에어컨이 감당해야 할 역할이 있고, 겨울에는 보일러가 감당해야 할 역할이 있는 것처럼 나에게도 내가 감당해야 할 역할이 있습니다. 그리고 목적에 맞게 살아갈 때 비로소 자신감이 높아집니다.

'나는 아무것도 할 수 없는 무능력한 인간이야'라는 패배의식에 갇혀 있다면 지금 당장 그 생각에 작별을 고하세요. 그리고 내가 이 세상에 태어나서 꼭 해야 할 일이 무엇인지 그 비밀을 찾아봅니다. 찾기 어렵다면 주변에서 자신의 일을 즐겁게 하는 사람을 눈여겨 관찰해봐도 좋습니다. 예를 들어 버스를 운전하는 기사를 관찰해보세요. 사람들의 출퇴근길에 든든한

발이 되어주는 것이 기사로서의 사명이라 생각하고 운전하는 기사와 하기 싫은 일을 억지로 하듯 불평하며 운전하는 기사의 표정은 180도 다릅니다.

함께해볼까요?

나의 가치를 발견해요

어릴 때부터 현재까지 나를 가장 설레게 하고 가슴을 뛰게 하는 분야가 있다면 어떤 것인가요?

~~~~~~

~~~~~~

이제껏 살면서 어떤 일을 했을 때 가장 보람을 느꼈나요?

~~~~~~

~~~~~~

삶을 마무리할 때 남은 사람들에게 어떻게 기억되고 싶나요?

~~~~~~

~~~~~~

아듀,
탓하는 마음

치료자	표정이 너무 안 좋아요. 최근에 무슨 일이 있었나요?

치료자　표정이 너무 안 좋아요. 최근에 무슨 일이 있었나요?

내담자　어제 부모님과 다퉜어요. 사소한 문제였는데 다투다 보니 그동안 부모님에게 맺혔던 일들이 다 떠오르더라고요. 제 인생이 너무 답답해요. 화도 나고 억울한 마음이 많이 들어요. 부모님이 너무 원망스러워요.

치료자　어떤 부분이 제일 원망스럽나요?

내담자　솔직히 부모님이 저한테 해준 게 뭐가 있나 싶어요. 항상 욕하고 때리고 내 인생을 방해만 안 하면 다행이라고 생각해왔어요. 폭식 때문에 살도 이렇게 쪄서 아르바이트도 할 수 없어요. 학원을 다니려고 해도 돈이 없으니 갈 수가 없어요. 너무 답답해요. 유복하고 사랑을 많이 받는 좋은 가정에서 태어났다면 이렇게 폭식도 안 했을 거고 그럼 살도 안 쪘을 거잖아요. 그러면 집에 돈이 없어도 최소한 알바는 할 수 있었을 텐데…. 출구 없는 감옥에 갇힌 기분이에요.

내 인생은 바로 내가 책임지는 것입니다.

좋은 부모를 만나지 못해서, 돈이 없어서, 폭식증 때문에, 이제까지 공부를 못 해서, 살찐 나를 보고 사람들이 비웃어서 아무것도 못 하고 있나요? 물론 운 좋게 이해심 많은 완벽한 부모님을 만나 충분한 사랑을 받고 자란 데다가 재능을 잘 살려 전문가가 되고 삶의 각 단계를 별 어려움 없이 지나왔다면 더할 나위 없이 좋았을 것입니다. 그러나 그 코스를 밟지 않았다고 불행한 삶을 살 것이라 단정 짓기엔 아직 이릅니다.

어떤 삶을 살지 결정하는 것은 환경이 아닌 나 자신입니다. 물론 통제할 수 없는 상황이 부정적인 결과를 낳을 수 있습니다. 그러나 사람 탓, 환경 탓을 하고 있다면 달라지는 것은 아무것도 없습니다. 냉정하게 보면 그러합니다. '내' 인생이니까요. 최악의 상황이라 할지라도 앞으로 나아가게 하는 힘은 외부에 있지 않고 바로 나 자신에게 있습니다. 생각을 바꿀 수 있는 힘도, 상황을 바꿀 수 있는 힘도 그 누구도 아닌 바로 나에게 있습니다.

부모의 방임이나 학대로 제대로 된 학창시절을 보내지 못했나요? 고생했습니다. 그 세월을 견뎌주어 고맙습니다. 그리고 괜찮습니다. 부모의 따스한 품이 없었다고 당신이 불행하게 살 필요도 이유도 없습니다. 그때는 힘이 없어 불행한 나날을 보냈을지 모르지만 지금부터 재밌고 즐거운 삶을 살기 위해 노력하면 됩니다. 심한 폭식증으로 공부를 제때 하지 못했고 학업을

잇기에 이젠 너무 늦었다고 생각하나요? 괜찮습니다. 기초부터 다시 시작하는 게 힘들겠지만 처음부터 차근차근 해나간다면 목표한 곳까지 도달할 수 있습니다.

인생의 소소한 것부터 큰 것까지 모든 결과에 책임지겠다는 마음을 갖는다면 현재 상황을 변화시키려 노력할 수밖에 없기에 반드시 지금보다 더 나은 상황이 펼쳐질 것입니다.

이 책을 읽는 지금 이 순간부터 탓하는 것을 멈추고 작은 결정에서 큰 결정까지 내가 모든 것의 주체가 되는 연습을 시작해보세요. 사소한 의사결정도 스스로 내리며 그 결정의 결과에 책임지는 연습을 시작하세요.

 함께해볼까요?

스스로를 책임지는 연습을 시작해요

습관적으로 나를 탓하고 있는 부분은 무엇인가요?

〰〰〰〰〰〰〰〰〰〰〰〰〰〰〰〰〰〰〰〰〰〰〰〰〰〰〰〰〰〰〰〰〰〰〰〰〰〰

〰〰〰〰〰〰〰〰〰〰〰〰〰〰〰〰〰〰〰〰〰〰〰〰〰〰〰〰〰〰〰〰〰〰〰〰〰〰

그 부분을 변화시키기 위해 내가 해야 할 노력은 무엇일까요?

〰〰〰〰〰〰〰〰〰〰〰〰〰〰〰〰〰〰〰〰〰〰〰〰〰〰〰〰〰〰〰〰〰〰〰〰〰〰

〰〰〰〰〰〰〰〰〰〰〰〰〰〰〰〰〰〰〰〰〰〰〰〰〰〰〰〰〰〰〰〰〰〰〰〰〰〰

그동안 상황 탓, 다른 사람 탓을 하며 책임지는 것을 두려워했나요?

~~~~~~

~~~~~~

폭식증은 나로 하여금 어떤 책임을 회피하도록 도와주었나요?

~~~~~~

~~~~~~

아듀,
숨기고 싶은 마음

내담자 사실 오늘 상담받으러 오는 게 싫었어요.

치료자 무슨 일이 있나요? 요즘 들어 상담 취소가 잦네요.

내담자 선생님도 혹시 남들에게 보여주고 싶지 않은 부분이 있나요? 저는 그런 것이 아주 많거든요. 여기 오면 그런 얘기들을 하게 되니까 부담이 돼요.

치료자 당연히 사람에겐 숨기고 싶은 부분이 있죠. 마음이 많이 힘들었을 텐데도 오늘 용기를 내어 상담에 나온 점을 많이 격려하고 싶네요.

내담자 그렇게 말씀해주시니 감사합니다. 저는요, 지우개로 제 과거를 지울 수만 있다면 전부 다 지워버리고 싶어요. 어렸을 때 좋았던 기억이 별로 없어서요. 왕따를 자주 당해서 늘 혼자였고 외로웠던 기억밖에 없어요. 집안 사정은 더 어마어마해서 말하기도 창피하네요. 누군가를 만나면 이런 저의 어두운 부분을 들킬까 봐 늘 조마조마해요. 그래서 괜히 더 밝은 척, 활발한 척하는데, 집에 오면 그게 너무 힘들고 피곤해서 혼자 폭식을 해요. 이런 제가 너무 싫어요. 사실 지금도 선생님한테 이런 얘기를 하는 게 많이 신경 쓰여요.

치료자 그렇군요. 신경 쓰이는 게 전혀 이상하지 않아요. 저라도 ○○씨처럼 그랬을 거예요. 그렇지만 뒤로 숨지 않고 이렇게 조금씩 말하다 보면 그 부분이 더 이상 ○○씨의 장애물이 아닌 기회가 되어줄 거예요.

내담자 기회라니요? 그게 무슨 얘긴가요?

내 마음의 상처는 부끄러운 것이 아니라 돌봐야 할 대상입니다.

누구나 마음 안에 크고 작은 상처가 있습니다. 사랑하는 사람에게 거절당해 생긴 상실감과 배신감, 가족의 냉대나 무시로 인한 슬픔과 외로움, 친구들 사이에서 느꼈던 소외감 등등 우리는 혼자 사는 것이 아니기 때문에 관계라는 울타리 안에서 어쩔 수 없이 상처를 주고받습니다. 모든 걸 다 갖춘 것 같아 보이는 사람도 남들이 모르는 약한 면과 숨기고 싶은 어두운 부분이 있기 마련입니다.

상처는 우리의 생각과 다른 신비로운 법칙을 가지고 있습니다. 상처는 숨기려고 할수록 깊이와 고통이 심화되지만 드러내고 표현하면 할수록 점차 다른 모습으로 변합니다. 상처는 제대로 된 관심과 보살핌을 받으면 강한 내적 무기가 되어 나의 삶을 지켜주고 다른 사람에게 용기와 격려를 주는 통로가 됩니다. 가장 숨기고 싶고, 버리고 싶었던 나의 나약하고 어두운 부분이 오히려 나와 다른 사람을 진정성 있게 연결해주는 고리가 되고 나와 같이 아파하는 이들을 비춰주는 빛이 됩니다.

　나의 상처를 외부에 드러내는 것을 너무 두려워하지 마세요. 가장 고통스러웠고 힘들었고 또 때로는 부끄러워 숨기고 싶었던 그 부분이 당신을 더 견고하게 하고 성장시켜 많은 사람에게 힘을 주는 통로로 사용될 것입니다. 훗날의 나를 기대하며 지금의 나를 바라보세요.

 함께해볼까요?

상처를 보듬어주세요

감추고 싶고 드러내고 싶지 않은 나의 어두운 부분은 무엇입니까?

～～～～～～～～～～～～～～～～～～～～～～～～～～～～

～～～～～～～～～～～～～～～～～～～～～～～～～～～～

주변에서 자신의 약함을 극복하고 이전보다 더 행복하게 사는 사람을 찾아보세요. 주변에서 찾지 못했다면 유명인도 괜찮습니다.

～～～～～～～～～～～～～～～～～～～～～～～～～～～～

～～～～～～～～～～～～～～～～～～～～～～～～～～～～

～～～～～～～～～～～～～～～～～～～～～～～～～～～～

상처를 잘 극복한다면 사람들에게 어떤 도움을 줄 수 있을까요? 또는 내면의 상처를 통해 어떤 사람으로 성장하고 싶은가요?

~~~~~~

~~~~~~

~~~~~~

~~~~~~

아듀,
학대하는 습관

치료자 매번 느끼는 건데요. ○○씨는 가족이나 다른 사람에게는 돈을 잘 쓰면서 스스로에게는 인색하네요? 특별한 이유가 있나요?

내담자 저한테 돈을 쓰는 건 이상하게 아까워요. 제 스스로가 쓰레기 같다는 생각을 자주 하거든요. 폭식할 때에도 일부러 싸고 몸에 좋지 않은 음식을 사서 먹고 토하죠. 다른 사람을 위해서 돈을 쓰는 것은 아깝지 않은데 저 스스로에게는 돈을 쓰고 싶지 않아요. 살찌고 나서는 더 그래요. 옷도 안 산 지 꽤 오래됐어요.

치료자 그럼 꼭 돈이 들어가는 게 아니더라도 스스로의 기쁨을 위해서 뭔가를 해본 적이 있나요?

내담자 날 위한 기쁨? 그런 건 한 번도 생각해본 적이 없는 것 같은데…. 날 위한다는 게 뭔지 잘 모르겠어요. 글쎄요. 어쩌다 좋은 감정이 들면 내가 정말 이래도 되는지 잘 모르겠고 그냥 뭔가 불안해요.

스스로를 귀하게 여길 때 비로소 세상이 나를 소중히 여깁니다.

나를 하찮고 쓸모없는 존재로 생각하면 그에 맞게 스스로를 대하게 됩니다. 생각과 감정과 행동은 하나로 연결되어 있기 때문에 내가 나를 어떻게 생각하느냐에 따라 주된 정서와 행동이 결정되는 것입니다. 자신을 귀하게 여기지 않고 쓸모없는 존재라고 생각하면 주로 우울함, 불안함, 초조함 같은 부정적인 감정에 빠집니다. 행동 자체도 스스로를 괴롭히고 학대하는 쪽으로 가기 쉽습니다. 예를 들어 폭식, 자해, 음주, 약물 복용, 난잡한 성생활 등으로 스스로를 학대합니다. 이런 행동은 일시적으로 부정적인 감정을 해소해주는 것처럼 보이지만 사실 자신을 아끼지 않기 때문에 나오는 행동입니다. 폭식이 심해지면 과도한 죄책감을 가지기 쉬운데, 이런 자책은 '나는 절대 즐거워선 안 돼' '나는 즐거운 경험을 할 자격이 없어'라고 스스로를 세뇌합니다. 부정적인 감정에 익숙해지면 어쩌다 좋은 일이 생겨도 긍정적인 감정을 제대로 누리지 못합니다. 자꾸만 일어나지도 않은 만약의 경우를 상상하며 다시 부정적인 감정을 불러일으킵니다.

악순환을 끊으려면 첫 번째로 내가 자신을 얼마나 학대하고 있는지 돌아볼 필요가 있습니다. 자기 돌봄의 기초는 잘 먹여주고 재워주는 것입니다. 이것부터 제대로 하고 있는지 돌아봅니다.

두 번째는 일상에서 즐거운 감정을 놓치지 말고 의도적으로 찾아보는 것

268

입니다. 이전까지는 부정적인 감정에 함몰되어 그냥 지나쳤던 일상의 즐거운 감정을 사진을 찍듯 포착하여 내 몸의 신체감각이 어떻게 느끼는지 연결해 보는 것입니다. 갑자기 즐거운 감정이라 하니 부담스러운 사람도 있을 텐데요. 걱정하지 마세요. 여기서 말하는 즐거움이란 대단한 즐거움이 아니라 공원에서 듣는 새소리, 상쾌한 공기처럼 우리 곁에 늘 있는 소소한 것을 의미합니다. 그동안 부정적인 감정에 길들여져 있었기 때문에 즐거운 일을 찾는 것이 어려울지 모릅니다. 따라서 즐거운 감정을 느끼기 위해 소소하지만 특별한 행동을 해보는 적극성도 필요합니다. 일부러 친구에게 안부전화를 하는 것과 같은 일 말입니다.

세 번째는 생활 태도를 바꿔보는 것입니다. 마치 내가 귀부인이 된 것처럼 매 순간 스스로에게 귀한 대접을 해줍니다. 음식을 먹을 때에도 제일 예쁘고 좋은 접시에 담아서 먹고, 옷도 최대한 예쁜 것으로 고르고, 가는 장소마다 스스로에게 제일 좋은 것을 해주려고 노력합니다. 몸의 자세도 바꿔봅니다. 늘 웅크린 채 고개를 숙이고 다녔다면 등을 펴고 입가에는 미소를 짓는 연습을 해봅니다. 이런 작은 변화가 긍정적인 감정을 불러일으키는 데 큰 도움이 됩니다.

나를 소중히 여기는 습관을 들입니다

이제까지는 나를 학대하는 데 몸과 마음을 다해 노력해왔다면 지금부터는 나를 귀하게 여기는 데 최선을 다해봅니다. 나 자신의 일상을 모니터한 영상을 보고 있다고 가정하고 아래 질문에 답해보세요.

나의 평소 표정과 행동은 어떠한가요?

~~~~~~

~~~~~~

내가 주로 하는 말은 어떤 것인가요?

~~~~~~

~~~~~~

습관적으로 스스로를 학대했던 행동은 어떤 것이 있나요?

~~~~~~

~~~~~~

사랑하는 사람에게 좋은 것을 주려 하는 것처럼 스스로에게 똑같이 행동한다면 지금 당장 고칠 수 있는 것은 무엇일까요?

생활 태도:

~~~~~~

~~~~~~

즐거운 감정 찾기:

~~~~~~

~~~~~~

몸의 자세:

~~~~~~

~~~~~~

그 밖의 것들:

~~~~~~

~~~~~~

아듀,
부정적인 바디이미지

내담자 다리 살이 쪄서 너무 힘들어요. 정말 시술이라도 받고 싶은 마음이에요.

치료자 체중은 그대로인데요. 계속 다리가 신경 쓰이나요?

내담자 제 체중이 얼마인지는 중요하지 않아요. 다리가 얼마나 얇아 보이느
냐가 중요하죠.

치료자 다리에 유난히 관심을 두는 특별한 이유가 있을까요?

내담자 아… 어릴 때부터 하체비만이라 놀림을 많이 받았거든요. 다리랑 연
관된 별명도 많았어요. 중학교 때는 남자애들이 다리가 얇고 마른 여
자애랑 저를 대놓고 비교하면서 놀린 적도 있어요. 그때 생각하면 너
무 싫어요. 그래서 하루에도 수십 번씩 거울로 제 다리 사이즈를 체
크해요. 다리가 좀 얇아 보이면 그날은 기분이 좋고 두꺼워 보이면 정

말 우울해요. 웃기게 들리실 수도 있지만 그런 날은 숨고 싶어서 수업도 못 듣고 그냥 집으로 돌아온 적도 있어요.

치료자 다리 살이 쪘다는 느낌은 너무 주관적인 거 아닌가요?

내담자 아니에요! 제가 다리 살이 쪘는지 안 쪘는지 아는 기준이 또 있는데 그건 바지가 꽉 끼느냐 안 끼느냐의 차이예요. 바지가 꽉 끼기 시작했단 말이에요.

치료자 그럼 다리가 남들보다 얇아야 스스로가 괜찮다고 느끼는 거네요?

내담자 네, 저한테는 다리의 상태에 따라 감정뿐만 아니라 저의 모든 것들… 상당히 많은 부분이 좌지우지되는 것 같아요. 안 하던 폭식도 다시 하기 시작했어요.

몸은 맞고 틀리고가 없습니다. 그냥 나 자신이기에 사랑할 뿐입니다.

소위 말해 '몸짱' 열풍이 불면서 연예인이나 모델의 몸매가 마치 우리 모두가 가져야 할 몸의 정답인 것처럼 회자됩니다. 그런 몸을 가져야 행복의 안정권 안에 들 수 있다고 강조하는 사회 분위기는 모델의 몸을 갖지 못한 것에 대한 자기비하와 불안을 가중시킵니다. 여기에 여러 개인의 심리적 원인과 신체 부위를 놀림받았던 부정적 경험까지 더해지면 자기만의 부정적인 바디이미지가 굳어지기 쉽습니다. 문제는 비하된 자기 몸의 이미지를 실제 사실처럼 생각해서 왜곡된 바디이미지가 구체화된다는 것입니다. 결과적으로 몸이 변하면 부정적인 생각과 감정도 다 해결되고 모든 것이 행복해질 거라는 환상에 빠져 다이어트와 성형에 과도하게 매달리게

273

됩니다. 모든 행복을 보장해줄 것만 같은 마른 몸을 만들지 못하는 자신을 탓하며 좌절과 질책에 빠져듭니다. 그리고 이러한 감정 때문에 '마음고픔으로 인한 폭식'까지 심해집니다.

몸에는 맞고 틀리고가 없습니다. 내 몸이기 때문에 소중하고 아름다운 것입니다. 내 몸이 연예인 몸매처럼 되어야만 사랑받을 자격이 있고, 그렇지 못하면 사랑받을 자격이 없다고 생각하지 마세요. 그냥 내 몸이기 때문에 사랑스러운 것입니다. 너무나 당연히 여겼던 내 몸에 대한 부정적인 바디이미지와 왜곡된 신념이 현재 나의 삶에 어떤 영향을 끼치고 있는지 생각해봅니다.

 함께해볼까요?

내 몸을 사랑해주세요

언제 처음 내 몸을 부정적으로 인식했나요? 그 기억은 무엇입니까? 그 전에는 내 몸에 대한 인식이 어떠했나요?

어린 시절부터 지금까지 내가 부정적인 바디이미지를 갖는 데 영향을 주었던 사건이나 경험이 있었다면 어떤 것일까요?

나는 주로 어떨 때 몸에 대한 자극을 받아 힘들어하나요?

아래는 사람들이 흔히 갖기 쉬운 외모에 대한 10가지 왜곡된 믿음입니다. 목록에서 나에게 해당되는 곳에 체크하며 내가 갖고 있는 잘못된 바디이미지는 무엇인지 알아보세요.

- ◻ 외모가 아름다운(멋진) 사람은 모든 것을 가졌다.
- ◻ 나를 처음 보자마자 사람들이 내 외모의 단점을 알아챌 것이다.
- ◻ 사람의 겉모습은 그 사람의 됨됨이를 대변한다.
- ◻ 외모가 내가 바라는 대로만 된다면, 내 인생은 훨씬 더 행복해질 것이다.
- ◻ 사람들이 내 몸이 진짜 어떻게 생겼는지를 알게 되면, 나를 별로 좋아하지 않을 것이다.
- ◻ 외모를 내 마음대로 할 수 있다면, 사회생활과 대인관계까지도 내 마음대로 할 수 있게 될 것이다.
- ◻ 내 인생은 외모가 좌우한다.
- ◻ 예뻐 보이기 위해서라면 항상 무슨 일이라도 해야만 한다.
- ◻ TV나 잡지를 보면 도저히 내 외모에 만족할 수가 없다.
- ◻ 내가 내 외모에 만족하는 길은 외모를 바꾸는 방법밖에 없다.

아듀, 완벽주의

치료자 완벽한 것을 좋아한다고 했는데 어릴 때는 어땠나요? 그때도 늘 완벽해야 한다고 생각했나요?

내담자 네. 어릴 때도 그랬죠. 학창시절에는 모범생이었기 때문에 부모님이 저에게 간섭할 일이 없었어요. 늘 모든 면에서 완벽해야 한다고 생각했기 때문에 공부도 1등이었고, 부모님 말씀도 잘 듣는 착한 딸이었죠. 친구들에게도 항상 잘했기 때문에 갈등이 없었어요. 늘 웃는 모습으로 대했고 부탁하는 건 웬만하면 거절하지 않았어요. 그래서 친구들에게 천사로 불릴 정도였어요. 부모님 손이 갈 일이 없었죠.

치료자 그런데 다이어트는 왜 갑자기 하게 된 거예요?

내담자 대학에 오니 성적이 비슷한 애들이 모여서 그런지 더 이상은 성적으로 주목받는 게 힘들었어요. 그래서 다이어트를 하게 됐는데 이렇게 폭식증까지 오게 될 줄은 몰랐네요. 부모님을 실망시켜 드린 것 같아서 제 자신이 너무 싫어요.

치료자 지금도 여전히 말라야 한다고 생각하는 거예요?

내담자 네, 그럼요. 다른 사람들은 제가 살을 빼지 않아도 괜찮다고 하는데 전 스스로 만족할 수 없어요. 저보다 마른 친구들을 볼 때면 항상 자신이 부끄럽게 느껴지니까요. 몸매, 학업, 모든 면에서 완벽해져야 사람들이 저를 인정해줄 것 같아요.

치료자 그럼 계속 정해진 식사 계획대로만 먹으려고 하나요?

내담자 네, 그래야 해요. 제가 정한 식사 계획대로 잘 지켰을 때에는 제 자신이 뿌듯한데 반대로 식탐에 졌을 때에는 '그냥 망했다'라는 생각이 들어서 폭식하게 돼요. 참 어렵네요.

'완벽해지는 것'이 아니라 '나 자신이 되는 것'이 행복의 비결입니다.

모든 면에서 완벽해야만 사랑받을 수 있다는 생각은 자신의 욕구나 감정에 집중하지 못하게 합니다. 어릴 때 굉장히 엄격하고 강한 어머니에게 충분한 공감과 수용을 받지 못했다면 이러한 믿음이 더 강화될 수 있습니다. '어떻게 하면 우리 엄마가 날 좋아할 수 있을까?'라는 것이 삶의 초점이 되면 자신을 위해서 사는 것이 아니라 엄마에게 인정받기 위해 살게 되니까요. '1등을 놓치면 우리 엄마가 날 인정해주지 않고 좋아하지 않을 거야'라는 잘못된 믿음은 내가 만나는 모든 사람에게 적용됩니다. 자신에게 조금이라도 흠이 있으면 타인에게 사랑받을 수 없다고 생각하기 때문에 항상 실수하지 않으려고 남들보다 곱절의 노력을 쏟아붓습니다. 이런 부분이 다이어트와 연결되면 강박적이고 극도로 제한적인 다이어트를 하기 때문에 나중에는 폭식증과 같은 식이장애로 발전됩니다. 학교 성적이 그러했던 것처럼 신체 역시 마른 몸이 되어야 다른 사람들에게 인정받고 사랑받을 수 있다고 생각하는 것입니다. 그러다 보니 모든 영역에서 뛰어난 성취를 얻을 수 있겠지만 자신을 위한 것이 아니기 때문에 만족과 행복을 누리지 못합니다. 완벽한 결과를 내지 못할까 봐 늘 노심초사하며 긴장과 불안 속에서 살아가기 때문에 '마음고픔으로 인한 폭식' 또한 심해집니다.

사람은 아무리 노력해도 완벽할 수 없는 존재입니다. 실수해도 괜찮습니다. 우리는 평생 실수를 통해 끊임없이 성장하고 성숙해나가는 존재입니다. 완벽해지는 것이 아니라 나의 모습 그대로 자신을 사랑하는 것이 내 삶을 행복으로 이끄는 비결입니다.

 함께해볼까요?

완벽에 대한 집착을 놓아주세요

성취를 바탕으로 나 자신을 평가하나요?

목표를 이뤘을 때 스스로 느끼는 만족감은 어떠한가요? 스스로 노력하고 애쓴 과정은 당연하다고 여기며 그냥 넘기고 바로 더 높은 목표를 세우지는 않나요?

나 자신의 강점은 생각하지 않고 끊임없이 내가 못한 부분이나 결점을 습관적으로 들추고 있지는 않나요?

최고가 되지 못할까 봐 두려워서 아예 시작조차 하지 않고 회피한 적은 없나요?

버리고, 채우고,
나아가며!

"선생님처럼 저도 단단한 사람이 되고 싶어요. 무슨 일이 있어도 선생님은 흔들리지 않을 것 같아요."

집단 치료에서 마지막 소감을 나누는 시간이었습니다. 치료에 참여했던 한 분이 저에게 이런 말을 했습니다. 이 말을 듣는 순간 제 마음에 벅찬 감동이 일어나며 지난 과거가 생각나 가슴이 먹먹해졌습니다.

당시 대학원 과정에 있었던 저는 제 자신의 외로움과 우울함으로 인해 힘겹게 하루하루를 버티고 있었습니다. 꿈을 위해 공부하면 힘들었던 저의 마음이 괜찮아질 줄 알았지만 변하지 않는 어머니와의 관계는 늘 저를 위축시켰고 땅으로 꺼질 것만 같은 깊은 절망감을 반복해야 했습니다.

"너 알아서 해. 네가 뭘 하든 나랑은 상관없으니…."
"뭐 하나 제대로 하는 게 없구나. 저리 가, 그냥."
"나는 쟤만 없으면 살 것 같아. 집에서 좀 나갔으면 좋겠어."
"꼴도 보기 싫고, 쟤만 없으면 우리 집은 편해."

"네가 당장 내일 죽는다 해도 나는 눈 하나 깜짝 안 한다."

"목소리도 듣기 싫으니까 아예 그냥 말하지 마."

어느 기점을 계기로 따스하게 나를 챙겨주던 어머니의 모습은 사라지고 없었습니다. 어린 시절과 다르게 어머니는 늘 냉정했고 차가웠으며 무서웠습니다. 오랜 시간 이유 없이 지속된 어머니의 폭언과 폭력 그리고 냉담함은 아무리 나의 잘못이 아니라고 고개를 저어도 좀처럼 떨쳐내기 어려웠습니다. 어떠한 정서적 안정감도 느낄 수 없었던 그때 저의 이런 마음을 조금이나마 위안받고 싶어 집단치료에 참여하게 되었습니다. 그리고 그 당시 함께 집단치료를 받았던 상담자에게 이러한 피드백을 받았습니다.

"기쁨님(제 별칭이었습니다)을 보면 바람 앞에 있는 촛불이 생각나요. 곧 꺼질 것 같아서 너무 위태로워 보여요."

피드백을 받고 저는 굉장히 슬펐습니다. 그런데 최근에 정반대의 말을 들은 것이지요. 바람 앞의 촛불이 단단한 바위가 된 것입니다.

문득 깨달았습니다. 늘 제자리걸음만 하고 있는 줄 알았는데 그것이 아니었다는 것을요. 지금까지 상처받은 어린자아를 돌보며 사랑하기 위해 무던히도 애써온 것이 결코 헛된 일이 아니었다는 것을요.

어머니는 제 심장에 깊이 박힌 화살입니다. 수없이 저를 죽인 화살입니다. 아프

기 싫고 피 흘리기 싫어 빼내려 하고 꺾으려 한 화살입니다. 그 아픔이 제 심장이 되었습니다. (김민예숙,《왜 여성주의 상담인가》, 한울아카데미, 2009.)

이런 글귀를 다이어리에 적으며 수많은 질문과 다짐을 했던 일, 당시 나의 삶은 하나도 기쁘지 않았지만 좀 더 밝은 사람이 될 수 있을까 싶어 '기쁨'이라는 별칭을 지었던 일, 고통스러운 수많은 어린자아의 감정과 직면하며 다독여주려고 노력했던 일, 힘이 되는 글귀를 메모지에 적어서 가지고 다니며 보고 또 보았던 일들…. 저를 사랑하기 위해 애썼던 과정이 헛되지 않았다는 것을 알게 되었습니다.

이후에도 몇 번의 집단치료와 개인분석 그리고 대학원 수업 과정을 거치며 제 자신을 점점 더 객관적으로 볼 수 있었습니다.

'어머니가 내게 쏟아냈던 수많은 비난이 진짜 나 자신을 결정짓는 사실이 아니었구나.'

'그동안 나는 어머니가 말한 대로 나란 사람을 정말 힘이 없고 아무것도 아닌 사람으로 바라봤었구나. 그것이 곧 나의 정체성이라고 믿어왔었구나.'

'나를 아무것도 아니라고 여겼기 때문에 사람들에게 그리고 조직 안에서 아무것도 아닌 사람이 되지 않기 위해 그동안 참 애쓰며 발버둥 쳤었구나. 정말 너무 힘들었겠다.'

그리고 제 자신에게 진심으로 깊은 연민과 공감을 보내주었습니다.

더 많은 내적 작업을 통해 나에게 큰 아픔을 주었던 어머니 역시 이해할 수 있게 되었습니다. 사실 어머니는 내가 미워서 그런 게 아니었다는 것을, 그녀도 나보다 더 깊은 상처를 가진 사람이었다는 것을요. 그리고 지금은 마음 깊은 곳에서 우러나와 어머니를 사랑할 수 있게 되었습니다.

살면서 받은 상처를 없애고 지워버릴 수는 없지만 그 영향력은 내 힘으로 얼마든지 바꿀 수 있습니다. 그 상처에 계속 매여 있을 것인지, 아니면 상처를 똑바로 바라보고 나라는 존재를 더욱 확장해 나갈 것인지, 여기서 바로 자기 사랑이 시작됩니다.

나 자신을 있는 그대로 사랑한다는 것은 손에 잡히지 않는 추상적인 일이 아닙니다. 나를 힘들게 하는 진짜 문제가 무엇인지 진지하게 생각해보는 것, 마주하고 싶지 않고 생각하기조차 싫은 과거의 어린자아를 만나 수용해주려고 노력하는 것은 구체적인 작업입니다. 그래서 버릴 것은 버리고, 채울 것은 채워서, 내가 가야 하는 나만의 길로 출발하는 것입니다.

당장은 제자리걸음을 하는 것 같고 변화가 없는 것 같아 보여도
쌓이다 보면 나를 진정으로 사랑하는 힘이 길러집니다. 당신에게 버릴
것과 채울 것은 무엇인가요? 그리고 나아가야 할 길은 어디인가요?

8주 차

최종 마무리

인생이 제공하는 가장 중요한 두 가지 선물인

아름다움과 진실 가운데,

나는 첫 번째 것을 사랑하는 마음속에서

그리고 두 번째 것은 일하는 사람의 손에서

찾아내었다.

_ 칼릴 지브란

"처음에는 폭식과 구토를 제 의지로 멈출 수가 없어서 무작정 병원을 찾았어요. 전 다이어트를 해야 하는데 세 끼를 챙겨 먹으라니 이렇게 먹어도 될까 하는 반신반의하는 마음이 많이 들었어요. 그래서 제 마음대로 굶었다가 폭식과 구토가 재발하기도 했지요.

그러다 자기관찰일지를 쓰면서 자연스럽게 제 마음을 들여다보게 되었어요. 그동안 나는 내 자신을 참 많이도 미워했었구나. 내 안에 이렇게 엄청나게 큰 분노가 자리 잡고 있는지 몰랐어요. 화가 나거나 외로울 때마다 폭식이 나를 달래주는 엄마 같은 역할을 했었다는 것을 알게 됐지요. 단 한 번도 선명하게 본 적 없는 내 모습을 제대로 보기 시작했다는 느낌일까요? 그래서 용기를 내보려고 해요. 더 이상 마른 것에 집착하는 내가 아닌 '있는 그대로의 나'를 사랑해보려고 해요. 더 이상 폭식증으로 자신을 학대하고 싶지 않아요. 저 정말 많이 달라지지 않았나요?"

최종 목적지인 8주 차에 접어들었습니다. 당신에겐 어떤 변화가 일어났나요? 개인의 상황, 환경, 성격 그리고 증상의 정도에 따라 회복의 속도는 차이가 있습니다. 혹여 큰 변화가 없더라도 너무 실망하거나 자책하지 않았으면 좋겠습니다.

핵심은 폭식과 구토의 원인을 스스로 분석할 수 있는지의 여부와 보다 근본적인 해결을 위해 나의 내면을 주기적으로 들여다보고 있는지의 여부입니다. 이 두 가지를 피하지 않고 지속적으로 실행하다 보면 분명 어느 순간 폭식증에서 벗어나 있는 자신을 발견하게 될 것입니다.

8주 차에서는 그동안 2단계에서 다룬 내용 중 가장 핵심이 되는 감정과 인지 다루기를 완전히 익힐 수 있도록 구체화하는 시간을 가질 것입니다.

두 가지 기둥

"식사 행동 문제와 심리적 문제, 둘 모두가 폭식에 영향을 끼친다는 것을 확실히 알게 됐어요. 바쁘거나 피곤해서 식사를 제대로 못 하면 어김없이 폭식이나 과식으로 연결되더라고요. 전에는 세 끼를 다 챙겨 먹고도 과식을 하면 그냥 음식을 조절하지 못 해서 그런다고 생각했는데 지금은 제 마음 상태를 점검해 보게 돼요. 혹시 나도 모르게 스트레스받은 일이 있는지, 아니면 어떤 힘든 감정이 있어서 폭식을 하고 싶어지는지요. 이제 폭식을 한다고 해도 전처럼 불안하거나 자책하지 않아요. 분명한 이유를 스스로 분석할 수 있으니까요."

폭식증을 치료하는 데 식사 행동 문제와 심리적인 문제가 서로 긴밀하게 영향을 주고받는다는 사실을 알게 되었을 것입니다. 어떤 날은 식사가 잘 지켜지지 않아서 폭식이 나올 때도 있고, 또 어떤 날은 마음이 좋지 않아 폭식을 하게 된 날도 있을 것입니다. 식사 행동과 심리적 문제가 겹쳐서 혼란스러웠던 날도 있을 것입니다. 이러한 이유에서 배고픔과 마음고픔의 문제는 상호보완적으로 균형을 이루며 돌보는 것이 매우 중요합니다.

함께해볼까요?

꼼꼼히 살피는 몸과 마음

폭식증을 빙산에 비유하면 겉으로 나타나는 폭식은 빙산의 일각에 불과합니다. 빙산 아래에는 마음의 문제가 거대하게 잠재해 있습니다. 일반적으로 내면의 깊은 문제는 자신감의 문제, 가족 간의 문제, 대인관계의 문제, 자기정체성과 관련된 문제, 어린 시절의 상처 등인 경우가 많습니다. 식사 행동의 문제는 빙산 아래의 근본적인 문제를 제대로 볼 수 없도록 방해하고 마음고픔으로 인한 폭식을 더 부추깁니다. 아직까지 영향을 미치는 식사 행동 문제와 심리적 문제가 무엇이 있는지 자유롭게 적어봅니다.

예시

	술이 원수지
식사 행동 문제	집에 있는 간식들
	자꾸만 적게 먹으려고 하는 것
	바쁠 때 대충 먹는 버릇

심리적 문제	가족 갈등, 살 빼라고 잔소리하는 엄마
	낮은 자존감. '살찐 나는 자신 없어. 다른 사람들이 날 돼지라고 생각하면 어떡하지?'
	깊은 공허함, 외로움
	완벽주의, 강박. "모든 일에 최고가 되어야만 해."
	착한 아이 콤플렉스, 싫은 소리를 못 하는 나, 남들에게 맞추는 나
	근거 없는 불안감, 살찔 것 같다는 생각

작성

식사 행동 문제	
심리적 문제	

291

자주 넘어지는
감정

"제일 달라진 점은 이유 없는 폭식이 나올 때 제 감정이 어떤지 생각한다는
거예요. 오늘 하루 내 감정이 어땠는지, 혹시 감정이 폭식으로 연결됐는지 그 고
리를 찾으려고 노력해요. 그러다 보면 내가 뭘 원하는지의 욕구도 분명하게 찾
을 수 있어요. 생활도 불규칙했는데 이런 생활이 감정 조절에 큰 영향을 준다는
걸 알고 나서는 되도록 규칙적인 생활을 하려고 노력해요. 아직 힘든 건 혼자
있을 때예요. 그때 주로 느껴지는 게 제 안의 상처받은 어린자아겠죠? 공허함이
나 외로움이 밀려오는데 그때는 어떻게 감정을 조절해야 할지 잘 모르겠어요.
나를 잘 달래봐야지 하기도 전에 이미 음식에 손이 가 있는 제 자신을 발견하
게 되거든요."

마음고픔으로 인한 폭식을 다루려면 감정조절능력을 갖춰야 합니다. 폭식과 구토는 부정적인 감정을 느끼지 않도록 잠시 막아줄 수 있지만 감정 자체를 없애지는 못합니다. 단지 잠시 억압하고 회피할 뿐이지요. 이렇게 보류해둘수록 그 감정을 다루고 조절하는 것이 더 어려워집니다.

5주 차의 '감정조절능력' 내용을 요약해보겠습니다. 먼저 감정을 효과적으로 조절하려면 있는 그대로의 내 감정을 정확하게 파악해야 합니다. 그다음 나의 결핍된 욕구가 무엇인지 알아차려야 합니다. 결핍된 욕구를 내 안의 건강한 성인자아가 다독이고 보듬어주도록 하는 것입니다. 이것이 바로 감정을 음식이 아닌 내면의 힘으로 조절하는 방법입니다. 정리된 문장으로 다시 살펴볼까요?

1. 내가 현재 느끼는 감정이 무엇인지 이름을 붙인다.

2. 내가 자주 느끼는 결핍된 요소를 파악한다.

3. 내 안의 건강한 성인자아를 인지한다.

4. 내 안의 상처받은 어린자아의 존재를 인지하고 주기적으로 방문한다.

5. 너무 가깝지도 않고, 멀지도 않은 적당한 심리적 경계선을 유지한다.

6. 감정조절에 도움이 되는 나만의 활동을 한다.

7. 신체적으로 피곤하지 않도록 수면과 운동, 식사에 신경 쓴다.

이 중 특별히 나를 힘들게 하는 활동이 있나요? 아마 개인마다 다 다를 것입니다. 오늘은 주기적으로 찾아와 나를 자주 넘어뜨리는 감정을 집중적으로 언급해보겠습니다.

감정을 구체화해보세요

예시

Q 마음고픔으로 인한 폭식이 나올 때 자주 느끼는 감정은 무엇인가요?

A 무가치함

Q 감정에게 이름을 지어주세요. 뭐라고 표현할 수 있을까요?

A 나를 죽이는 세균

Q 감정을 그림으로 그려보세요. 떠오르는 대로 자유롭게 그려보세요.

A

Q 감정을 소리로 표현해보세요. 그 감정이 자주 하는 말이 있나요?

A 너는 쓸모없는 존재야. 이 세상에서 없어져야 해.

Q 감정의 특성을 표현해보세요. 그 감정이 찾아올 때 나에게 어떤 일이 벌어지나요?

A 아무 일도 할 수 없도록 나를 무너뜨린다. 잘하고 있는 일상생활을 전부 마비시킨다. 그리고 무작정 폭식을 하게 만들어버린다.

작성

Q 마음고픔으로 인한 폭식이 나올 때 자주 느끼는 감정은 무엇인가요?

A

Q 감정에게 이름을 지어주세요. 뭐라고 표현할 수 있을까요?

A

Q 감정을 그림으로 그려보세요. 떠오르는 대로 자유롭게 그려보세요.

A

Q 감정을 소리로 표현해보세요. 그 감정이 자주 하는 말이 있나요?

A ～～～～～～～～～～～～～～～～～～～～～～～～～～～～～～～

Q 감정의 특성을 표현해보세요. 그 감정이 찾아올 때 나에게 어떤 일이 벌어지나요?

A ～～～～～～～～～～～～～～～～～～～～～～～～～～～～～～～
  ～～～～～～～～～～～～～～～～～～～～～～～～～～～～～～～

Tip.

직접 그린 이미지를 잘 보이는 곳에 붙여놓고 그 감정이 자주 찾아오는 때와 장소를 파악합니다. 그런 다음 폭식으로 연결되기 쉬운 취약한 감정을 이겨낼 수 있는 방법과 계획을 마련해 감정을 조절합니다.

자주 넘어지는
생각

"물건을 사러 갔을 때 점원이 불친절하면 '내가 살이 쪄서 나를 무시하는 건
가'라는 생각이 들었어요. 식당에서 음식을 시킬 때처럼 아주 잠시라도 낯선 사
람과 대면해야 할 때도 '내가 살이 쪄서 저 사람이 날 무시하고 싫어할 거야'라
고 부정적으로 생각했어요. 이런 생각이 저의 모든 삶을 흔들어놓았어요. 항상
완벽하고 잘해야 한다고 생각하면서 내가 생각하는 내 모습은 그게 아니니까
너무 부끄러웠거든요. 이런 얘기한다는 것 자체도 너무 찌질하게 느껴져서 남
앞에서는 괜찮은 척했었어요. 보여지는 거에 온 에너지를 다 쓰니, 집에 와서는
무기력하게 누워 있었죠.
너무나 당연시했던 생각들이 저의 성장 배경에서 형성된 왜곡된 믿음이라는 걸
알고 이제는 제3의 관찰자 입장에서 바라보고 생각하려고 노력해요. 그래서인

지 안 좋은 생각이 들 때마다 했던 폭식 횟수가 많이 줄었어요."

부정적인 생각과 잘못된 믿음이 굳어지면 현실과 동떨어진 왜곡된 믿음이 나의 생활 전반을 지배하게 됩니다. 마치 사실이고 진리인 것처럼 받아들이지요. 오래전에 형성되어 굳은살처럼 박혀버린 '나만의 잘못된 믿음'을 알아차리고 생각을 전환할 수 있는 힘을 길러내는 것이 필요합니다. 6주차에 배운 내용을 짧은 문장으로 확인해봅니다.

1. 일반적으로 쉽게 빠질 수 있는 나의 왜곡된 믿음이 무엇인지 알고 있다.
2. 나의 왜곡된 믿음이 어느 상황, 어느 시간대에 자주 떠오르는지 알고 있다.
3. 어릴 때 경험에서 형성된 잘못된 믿음이 무엇인지 알고 있다.
4. 식이장애와 건강한 성인자아를 분리할 수 있다.
5. 건강한 성인자아가 식이장애 부분과 대화를 나눌 수 있다.
6. 건강한 성인자아의 힘을 키우기 위해서 주기적으로 노력하고 있다.
7. 건강한 성인자아가 식이장애를 컨트롤할 수 있다.

어떤가요? 7가지 중에서 잘되는 부분이 있고 아직 잘 안 되는 부분이 있을 것입니다. 핵심은 식이장애가 만들어내는 특수한 왜곡된 믿음을 구별해낼 줄 아는 것 그리고 나만이 갖고 있는 부정적 믿음이 무엇인지 알고 그 생각이 어디서부터 형성됐는지 파악해보는 것입니다. 예를 들어, '살이 찐 나를 다른 사람들이 무시하고 싫어할 거야'는 식이장애가 만들어낸 왜곡된 믿음입니다. 그리고 '항상 완벽해야 하고 잘해야 하고 좋은 모습만 보여야 한다'는 것은 과거에 형성된 나만의 부정적인 믿음이지요. 이러한 생각은 내 안의 건강한 성인자아를 활용하여 건강하고 합리적인 생각으로 바꿀 수 있습니다.

 함께해볼까요?

잘못된 믿음을 구체화해보세요

예시

Q 폭식을 하기 전 나를 지배하는 가장 큰 잘못된 믿음은 무엇인가요?
A 항상 완벽해야 하고 잘해야 하고 좋은 모습만 보여야 한다.

Q 잘못된 믿음에게 이름을 지어주세요. 뭐라고 표현할 수 있을까요?
A 사관학교 선생님

Q 잘못된 믿음을 그림으로 표현해보세요. 떠오르는 이미지는 무엇인가요?
A

Q 그 믿음을 소리로 표현해보세요. 그 믿음이 나에게 자주 하는 말이 있나요?

A 똑바로 해! 제대로 해!

Q 잘못된 믿음의 특성을 표현해보세요. 그 믿음은 나를 어떻게 행동하도록 만드나요?

A 다른 사람들에게 지적을 받을까 봐 항상 긴장되어 있다. 내가 잘하지 못했을까 봐 불안해하도록 만든다. 조금이라도 내 마음에 들지 않았다고 느낄 때에는 폭식을 하게 만든다.

작성

Q 폭식을 하기 전 나를 지배하는 가장 큰 잘못된 믿음은 무엇인가요?

A ⌇⌇⌇⌇⌇⌇⌇⌇⌇⌇⌇⌇⌇⌇⌇⌇⌇⌇⌇⌇⌇⌇⌇⌇⌇⌇⌇⌇⌇⌇⌇⌇⌇⌇⌇⌇⌇⌇

Q 잘못된 믿음에게 이름을 지어주세요. 뭐라고 표현할 수 있을까요?

A ⌇⌇⌇⌇⌇⌇⌇⌇⌇⌇⌇⌇⌇⌇⌇⌇⌇⌇⌇⌇⌇⌇⌇⌇⌇⌇⌇⌇⌇⌇⌇⌇⌇⌇⌇⌇⌇⌇

Q 잘못된 믿음을 그림으로 표현해보세요. 떠오르는 이미지는 무엇인가요?

A

Q 그 믿음을 소리로 표현해보세요. 그 믿음이 나에게 자주 하는 말이
  있나요?

A ~~~~~~

Q 잘못된 믿음의 특성을 표현해보세요. 그 믿음은 나를 어떻게 행동하
  도록 만드나요?

A ~~~~~~

Tip.

직접 그린 이미지를 잘 보이는 곳에 붙여놓고 그 생각이 자주 찾아
오는 때와 장소를 파악합니다. 폭식으로 연결되는 부정적인 생각을
잘 이겨낼 수 있는 방법과 계획을 마련해 감정을 조절합니다.

성인자아
키워 나가기

"낮에는 살찌지 않으려고 어떻게든 가려 먹고 적게 먹으려는 생각에 사로잡혀 있고, 밤이 되면 내가 실수한 것, 더 잘하지 못한 것을 떠올리며 자책했어요. 늘 남보다 뚱뚱하고 부족해 보여서 우울하고 힘들었어요. 그런데 그런 모습이 진짜 나 자신이 아니라는 걸 알고 큰 위로가 됐어요. 제 자신을 제3자의 입장에서 관찰해보니 정말 하루 종일 비난을 퍼붓고 있더라고요. 그러니 제 자신이 어떤 사람인지, 뭘 좋아하는지, 어떤 삶을 살기 원하는지 알 수가 없었던 거겠죠. 식이장애가 주는 생각, 제 안의 잘못된 믿음이 머릿속을 지배할 때마다 마음 한 곳에 자리 잡고 있는 건강한 성인자아를 불러오려고 노력해봤어요. 처음에는 건강한 성인자아 자체가 의심스러웠어요. 잘 안 될 때에는 친절하게 대해주셨던 고등학생 때 담임선생님을 떠올리며 합리적인 생각으로 바꾸려고 노력했어요.

제 마음속에 아주 작게 존재했던 건강한 성인자아가 지금은 더 커졌다는 것이 느껴져요."

저절로 떠오르는 나만의 부정적인 생각과 감정을 조절하려면 6주 차에서 배운 것처럼 내 안의 '건강한 성인자아'의 영역을 확장해 나가는 것이 매우 중요합니다. 너무 오랜 시간 안 좋은 생각이나 감정에 눌려왔다면 따뜻하고 자상하며 합리적인 '건강한 성인자아'의 목소리가 굉장히 낯설게 느껴질 것입니다. 누군가는 내 안에 그런 모습이 아예 없다고 생각할지도 모릅니다. 6주 차에서 나온 '건강한 성인자아'의 속성을 다시 살펴볼까요?

1. '건강한 성인자아'에게 나쁜 감정이란 없습니다. 느끼기 싫은 부정적인 감정까지도 수용할 수 있습니다.
2. '건강한 성인자아'는 나의 모든 부분을 포용할 수 있는 따뜻함을 갖고 있습니다. 보기 싫은 단점까지도 있는 그대로 품어줍니다.
3. '건강한 성인자아'는 목표를 향해 달려갈 수 있는 추진력과 어려움에 대처할 수 있는 융통성이 있습니다.
4. '건강한 성인자아'는 중심을 잡을 수 있고, 상황과 사람에 따라 흔들리지 않습니다.
5. '건강한 성인자아'는 자신의 현재 삶에 집중할 수 있고 그 안에서 감사와 기쁨을 발견할 수 있습니다.

아직 '건강한 성인자아'가 마음에 와닿지 않는다면 우연히 길에서 본 예쁘고 귀여운 아기를 떠올려보세요. 그 아기를 바라볼 때 내 시선이 어떠했을까요? 내 눈은 분명 부드럽고 따뜻했으며 입가에는 저절로 미소가 지어졌을 것입니다. 반면 어딘가 불편해서 우는 아기를 봤을 때는 어땠을까요? 어떻게든 달래주고 불편함을 해결해주기 위해 애쓰지 않았을까요? 마찬가지입니다. 내 안의 '건강한 성인자아'도 비슷한 속성을 갖고 있습니다. 아무리 거센 폭우가 쏟아져도 날이 맑게 개면 한결같은 모습을 드러내는 바다처럼, 내 안에 여러 가지 부정적인 감정과 생각이 휘몰아쳐도 항상 따뜻하고 애정 가득한 모습으로 나를 바라봐주는 것이 바로 '건강한 성인자아'입니다.

 함께해볼까요?

내 안의 건강한 성인자아를 조금 더 구체화해보세요

Q 건강한 성인자아는 어떤 모습을 하고 있나요? 생각나는 이미지를 그림으로 표현해보세요.

A

Q 건강한 성인자아가 나에게 해주고 싶은 말은 무엇일까요?

A ~~~~~~

Q 건강한 성인자아가 현재 내 삶에 어떤 영향을 끼치고 있나요?

A ~~~~~~
~~~~~~
~~~~~~

Tip.
어린아이를 안고 있는 어머니의 모습을 떠올려보세요. 또는 합창
단을 이끄는 지휘자를 생각해보세요. 내 안의 '건강한 성인자아'
도 이러한 따뜻함과 침착함, 조화로움을 가지고 있습니다.

어린자아
회복하기

"아무것도 할 수 없을 것 같은 무기력에 빠져 있다가, 어떨 때는 나만 이렇게 힘들고 불행한 것 같아 화가 나서 미칠 것 같았어요. 그러다가 지난날의 내 행동을 떠올리며 수치심에 못 견뎌 하기도 하고, 다음 날에는 아무도 날 도와줄 수 없을 것 같다는 두려움과 외로움에 빠졌어요. 그러다 보면 습관적으로 음식을 찾게 됐어요. 제 안에서 하루에도 몇 번씩 여러 마음이 왔다 갔다 했는데 전혀 알지 못했어요. 단순히 뭐가 먹고 싶다는 생각에 사로잡혀 있을 뿐이었죠. 제 안에 이렇게 여러 마음이 있었다는 걸 이번에 알게 됐어요.

그런데 더 깊은 내면에는 보고 싶지 않은 저의 모습들이 있어요. 할 수만 있다면 도려내고 싶을 정도예요. 다른 사람에게 인정받고 사랑받고 싶어서 늘 눈치를 보며 살아왔어요. 친구관계에서도 을의 입장이었죠. 그게 너무 바보 같고 화가 나요. 눈치 보고 다른 사람에게 맞추는 나의 어린자아를 인정하는 게 어려워요. 이런 감정을 느끼지 않으려고 엄청나게 폭식을 하고 피가 날 때까지 구토를 한 적도 있어요."

내 속엔 내가 너무도 많아 당신의 쉴 곳 없네
내 속엔 헛된 바램들로 당신의 편할 곳 없네
내 속엔 내가 어쩔 수 없는 어둠, 당신의 쉴 자리를 뺏고
내 속엔 내가 이길 수 없는 슬픔, 무성한 가시나무 숲 같네
바람만 불면 그 메마른 가지 서로 부대끼며 울어대고
쉴 곳을 찾아 지쳐 날아온 어린 새들도 가시에 찔려 날아가고
바람만 불면 외롭고 또 괴로워 슬픈 노래를 부르던 날이 많았는데
내 속엔 내가 너무도 많아서 당신의 쉴 곳 없네 (조성모, 〈가시나무〉)

　조성모의 〈가시나무〉라는 노래를 들어본 적 있나요? 노래 가사에 나온 것처럼 내 마음 안에는 크고 작은 상처로 생긴 여러 개의 어린자아가 있습니다. 어린자아는 5주 차에서 얘기한 것처럼 보통 버림받음, 외로움, 무가치함, 무력감, 수치심, 죄책감, 공허감, 두려움, 분노와 같은 괴로운 감정이기 때문에 직시하고 인정하는 것이 힘들고 어렵습니다. 그래서 어린자아가 나오지 못하게 폭식으로 눌러버리는 것이지요. 아무리 누른다 하더라도 없앨 수 없습니다. 억압하려 할수록, 괜찮은 척, 밝은 척할수록 에너지를 쏟아부어야 하고 삶은 더욱 불행해집니다.

내 안의 어린자아들을 계속 억압하면 엉뚱한 상황에서 분노가 표출될 수 있습니다. 전혀 뜻밖의 상황에서 굉장히 억세고 투박한 모습으로 튀어나오지요. 그러다 보면 〈가시나무〉의 노랫말처럼 건강한 성인자아도 가시에 찔려 날아가고 맙니다.

나를 있는 그대로 사랑하고 받아들인다는 것은 무엇일까요? 내가 잘한 일, 좋았던 경험만 인정해주는 것이 아닙니다. 단점, 연약함, 인정하기 싫은 과거를 모두 받아들이는 것을 의미합니다. 누군가를 진심으로 사랑하면 그 사람의 부족한 면을 사랑으로 덮어주는 것처럼 말입니다. 나 자신에게도 동일하게 적용해보세요.

어린자아들이 성인자아의 돌봄을 받으면 원래의 순수하고 밝았던 모습을 되찾을 수 있습니다. 5주 차에서 어린자아에게 긍정적 의미의 별칭을 붙여주었던 것을 기억하나요? 당신이 붙여준 별칭대로의 본래 모습으로 어린자아가 되돌아갑니다. 어린자아가 본래의 모습을 회복하면 나도 본래의 모습을 회복합니다. 무리해서 강한 척, 괜찮은 척하지 않고, 그로 인해 생겼던 스트레스도 사라져 폭식 역시 없어지게 됩니다.

 함께해볼까요?

변화된 나의 모습 상상하기

내 안의 어린자아의 여러 모습을 살펴봅니다. 그리고 긍정적으로 변화될 때 어떻게 바뀔지 상상해보고 적어보세요.

예시

어린자아	긍정적으로 변화된 모습
강박적인	준비성이 있는
불안한	에너지가 많은
충동적인	자발적인
분노하는	추진력이 있는
외로워하는	다른 사람의 감정에 공감하는
고집 센	자기표현 향상
눈치 보는	다른 사람을 배려하는
염려하는	신중한
회피적인	주의 깊은

Tip.

어린자아는 본디 내게 필요한 부분입니다. 흙먼지로 뒤덮인
진주를 깨끗하게 씻었을 때 보석의 아름다움이 드러나는
것처럼 내 안의 어린자아도 균형 잡힌 환경 안에서 진가를
발휘합니다. 상상력과 경험을 활용하여 어린자아가 어떻게
긍정적으로 변화할 수 있을지 적어보세요.

작성

어린자아	긍정적으로 변화된 모습

나와의 약속과 결단,
재발방지계획

나는 폭식증을 이겨낼 수 있고,

지금 이대로도 충분히 매력이 있으며,

행복해질 자격이 있는 사람이야.

○○○, 너는 괜찮아.

너는 계속 좋은 일을 누릴 자격이 있어.

"제가 이 워크북을 시작하며 책상 앞 제일 잘 보이는 곳에 붙여놓은 글이에
요. 별거 아닌 것 같지만 다 포기하고 싶고 다시 왕창 먹고 토해버리고 싶을 때
마다 이 글귀를 쳐다봤어요. 그리고 무너졌던 제 마음을 다독이며 대체활동을
하려고 노력했죠. 어떤 날은 카페에 가서 제가 좋아하는 카페라떼를 마시기도

했고, 저의 어려움을 알고 있는 제일 친한 친구에게 전화를 걸어 힘든 마음을 얘기하며 위기의 순간을 넘기기도 했어요. 한두 번 위기의 순간을 잘 넘겨 보니 어느새 자신감이 생기더라고요. 정말 내가 할 수 있구나, 좋아지고 있구나 하는 믿음이 생겼다고나 할까요? 혹여 한 번씩 다시 폭식을 해도 금방 일어설 수 있을 것 같아요. 저는 이제 폭식증에 시간을 뺏겨서 현재를 망치고 싶지 않거든요. 정말 그건 확고해요. 앞으로 저 스스로에게 좋은 것들만 주고 싶어요."

마지막 날이 가까워오고 있습니다. 그동안 여기까지 함께하느라 너무 수고 많았습니다. 결과에 상관없이 포기하지 않고 애쓴 나 자신에게 많은 격려와 위로를 해주었으면 좋겠습니다.

이제 하나의 점검만이 남았습니다. 폭식이 다시 나오지 않으려면 재발방지계획을 잘 세워놓아야 합니다. 유념해야 할 것이 있는데 폭식과 구토가 멈췄다고 해서 평생 다시는 폭식이나 구토를 하지 않을 거라는 비현실적인 기대는 갖지 마세요. 스스로 폭식의 원인을 분석할 수 있고, 감정을 컨트롤할 수 있게 되면 절대로 폭식을 하지 않을 거라 자신할 수 있습니다. 하지만 회복은 한번 상태가 나아졌다고 해서 그 상태가 계속 유지되는 것이 아닙니다. 몇 번의 굴곡을 반복하는 과정을 반드시 거칩니다. 그 후에야 마침내 문제에서 완전히 벗어날 수 있습니다. 그렇기에 한동안 폭식이 없었다가도 극심한 스트레스를 받거나 나의 약한 부분이 건드려졌을 때 다시 예전의 습관이 나오기도 합니다.

여기서 중요한 것은 이것이 재발relapse인지 아니면 한 번의 실수lapse인지 스스로 구별하여 그에 맞는 대처를 하는 것입니다. 재발과 실수는 한 번의 폭식과 구토가 나의 일상생활을 뒤흔들고 있느냐 그렇지 않느냐의 차이로 구분할 수 있습니다. 즉 특수한 상황에서 폭식을 선택할 수 있지만 곧 정신을 가다듬고 일상으로 빠르게 돌아올 수 있는지를 확인하면 됩니다. 만약 그 상황에 매몰되어 예전처럼 식습관이 무너지고 부정적인 생각에 갇혀 일상생활이 지장을 받는다면 그것은 재발로 볼 수 있습니다.

재발을 막기 위해 폭식을 나의 아킬레스건이라고 아예 정해놓으면 어떨까요? 사람은 극심한 스트레스를 받으면 잘못이라는 걸 알면서도 제일 익숙한 방식을 취하는 경향이 있습니다. 이러한 습성을 미리 예상하고 준비한다면 당황하지 않고 편안하게 대처할 수 있을 것입니다.

 함께해볼까요?

나만의 재발방지계획을 세워봅니다

예시

나와의 약속과 결단

나는 폭식증을 이겨낼 수 있고, 지금 이대로도 충분히 매력이 있으며, 행복해질 자격이 있는 사람이야. ○○○, 너는 괜찮아. 너는 계속 좋은 일을 누릴 자격이 있어.

10가지 재발방지계획

1. 하루 세 번의 식사와 두세 번의 간식을 미리 정한 시간에 먹으려고 노력한다.

2. 정해진 시간에 잠자리에 들고 하루 7시간 정도 숙면한다.

3. 폭식하기 쉬운 시간대를 미리 파악하여, 그 시간대에는 친구를 만난다든지, 운동을 한다든지, 목욕을 하는 등의 대체활동 계획을 세운다.

4. 미리 하루의 계획을 대충 세워놓는다. 아무것도 하지 않는 시간이 길지 않도록 조절한다. 또는 너무 바쁘다는 이유로 식사를 거르지 않도록 한다. 만약 식사 행동의 조절력을 잃을 것 같을 때는 미리 언제, 무엇을 먹을지 자세하게 계획한다.

5. 음식을 한꺼번에 많이 사지 않고 그때그때 필요한 것만 산다.

6. 외모나 몸에 대한 강박이 다시 생기려고 할 때는 지금 나 자신의 어떤 점이 불만족스러운지 근본적인 문제를 찾으려고 노력한다.

7. 부정적인 감정이나 생각이 몰려올 때는 내 안의 성인자아를 활용하여 나 스스로를 다독이려고 노력한다.

8. 정기적으로 마음을 나눌 수 있는 모임에 참여한다.

9. 한 번의 실수가 완전한 실패를 의미하는 것은 아니다. 아주 작은 성공이라도 나만의 노트에 기록하고 스스로를 격려한다.

10. 긍정적인 감정을 활성화시킬 수 있는 감사한 일을 매일 세 가지 이상 찾아 적어본다.

작성

나와의 약속과 결단

~~~~~~

~~~~~~

~~~~~~

재발방지계획

~~~~~~

~~~~~~

~~~~~~

~~~~~~

~~~~~~

~~~~~~

~~~~~~

~~~~~~

Tip.

경우에 따라 때로는 내가 생각한 것보다 더 많이 먹게 될 수도 있습니다. 이것을 폭식의 재시작이라 생각해서 불안해할 필요는 없습니다. 정상적인 범위 내에서의 과식을 폭식이라고 여기며 자신을 몰아붙이진 않는지 살펴봐야 합니다. 과식을 너무 부정적으로 확대 해석하지 마세요.

마무리,
나를 사랑하기 위한 전략 세우기

"폭식과 구토를 하는 시간이 없어지니 나에게 훨씬 집중하게 돼요. 먹는 것에 대한 생각이 줄어드니까 그 공백에 제가 뭘 하면 더 행복한지, 하고 싶은 게 무엇인지, 내게 도움이 되는 생각을 하게 되는 거죠. 사람들이 내 폭식증을 눈치챌까 봐, 살찐 모습을 보여주기 싫어서, 나한테 편안한 메뉴가 아니라서 다른 사람과의 만남을 기피했는데 이제는 그러지 않아요. 먹는 것에서 자유로워지니 친구들과 만나는 게 두렵지 않아요.

처음으로 미래에 대해 기대를 해요. 10년 뒤, 20년 뒤에 나의 모습은 어떨까 기대가 돼요. 예전에는 다른 사람이 나를 어떻게 생각할까라는 생각에 갇혀 정작 제 미래에 관심을 갖지 못했는데 이젠 아니에요. 10년, 20년 쌓이면 당연히 더 행복한 제가 되어 있지 않을까요? 그래서 전 지금이 너무 좋아요."

폭식증에서 벗어난다는 것은 단순히 식사 행동이 정상으로 돌아왔다는 것을 의미하지 않습니다. 폭식과 구토에 가려져 그동안 방치되었던 나 자신을 되찾는 과정이 폭식증 치유의 핵심입니다. 그동안 폭식증을 붙잡을 수밖에 없었던 나만의 진짜 이유를 돌아보며 이제 더 이상 자신을 학대하며 살지 않겠다고 다짐하는 것입니다.

타인의 눈치를 보느라 정작 자신을 챙기지 못했던 과거의 모습을 버리고 이제는 내가 원하는 것들을 스스로에게 조금씩 해주는 연습을 해야 합니다. 모든 면에서 완벽해야만 자신이 사랑받을 수 있을 거라는 생각도 내려놓고 과거의 모든 아픔과 슬픔을 용기 있게 마주하며 자신을 사랑하기 위해 결단을 내리는 것입니다. 폭식과 구토로 숨지 않고 어디서부터 나의 부정적인 인지가 형성됐는지 과거의 나와 만나는 작업 그리고 나의 연약함, 과거의 상처, 수치스러운 부분과 어떻게 화해해나갈지 구체적인 방법을 찾아가는 것, 이것이 바로 나를 사랑하기 위한 노력들입니다.

내가 뭘 하면 기쁘고 행복할지 생각하고 스스로에게 그것들을 해주세요. 뭘 해줘야 할지 감이 안 온다면 사랑하는 사람을 위해 했던 행동들을 떠올려보세요. '그 사람이 이걸 받으면 행복해할까?' '그 사람에게 이렇게 말해주면 좋아하겠지?' 이렇게 하루 종일 그 사람이 어떨 때 좋아하고 행복해할지 고민하고 연구했을 것입니다. 동일한 방식으로 나를 사랑하세요. 스스로에게 뭘 해주면 좋아하고 행복해할지 고민하고 또 고민하고 치열하게 연구해야 합니다. 한 번도 나를 온전히 사랑해준 적이 없었다면요. 나를 가장 사랑해주세요.

 함께해볼까요?

나를 사랑하기 위한 전략을 세워보세요

나를 사랑하기 위한 전략

하나. 과거의 나를 돌아보고 보듬어주기

둘. 자신을 위해 해주고 싶은 것을 해주기

셋. 앞으로 더 좋아질 내 미래의 모습 상상하기

나를 사랑하기 위한 미래의 계획 세우기

하나. 과거 돌아보기

폭식을 유발하는 사건, 감정, 인지에 대해 생각해보세요. 그러한 상황에서 대처할 수 있는 방법은 무엇이 있나요? 어떻게 하면 폭식을 막을 수 있을까요?

폭식을 유발하는 나의 전형적인 사건은 무엇인가요?

(예: 저녁 약속, 몸매 확인, 부모님의 잔소리 등)

~~~~~~

~~~~~~

사건 전에 나를 취약하게 만들었던 나의 전형적인 요인은 무엇인가요?

(예: 육체적 질병, 불균형한 식사와 수면상태, 술 등)

폭식을 유발하는 나의 왜곡된 인지는 무엇인가요?

폭식을 유발하는 나의 주된 감정은 무엇인가요?

폭식을 대신할 수 있는 나만의 대체활동은 무엇이 있을까요?

둘. 나를 위한 버킷리스트 만들기

이제껏 다른 사람에게 맞춰주는 삶을 살았다면 나를 위해 즐거운 활동을 하는 것이 어색하게 느껴질 수 있습니다. 긍정적 감정을 늘려나가기 위해 그동안 생각만 해왔던 활동들을 시도해보는 것입니다. 아예 하고 싶은 일이 없었다면 이제부터 찾아보도록 합니다.

　예) 카페에서 노트북으로 혼자 영화 보기

　　　친구들과 해외로 자유여행 가기

나에게 맞는 컬러의 화장품을 사서 화장해보기

수영 배우기

~~~~~~

~~~~~~

~~~~~~

~~~~~~

셋. 되고 싶은 미래 그려보기

현재의 나에게 실망할 필요 없습니다. 나의 모습은 아직 완성된 게 아니니까요. 빈 도화지에 그릴 것이 너무나 많다는 것을 기억해두세요.

닮고 싶은 존경하는 인물이 누구인가요?

~~~~~~

~~~~~~

그 사람처럼 되기 위해 현재 내가 준비할 것은 무엇인가요?

~~~~~~

~~~~~~

10년 후, 20년 후 내가 어떤 모습이길 기대하나요?

~~~~~~

~~~~~~

넷. 그동안 내가 좋아진 정도를 스스로 평가해보세요. 현재 나에게 해당되는 부분에 체크해보세요.

- 폭식 횟수

10회 이상	9	8	7	6	5	4	3	2	1	0

- 구토 횟수

10회 이상	9	8	7	6	5	4	3	2	1	0

- 건강하고 규칙적인 식습관

전혀 잘되지 않았다	잘되지 않았다	보통이었다	거의 잘되었다	많이 잘되었다

- 한 주 동안의 체중 측정 횟수

10회 이상	5~10회	3~5회	2회	1회

- 폭식 대신 대체활동 시도

전혀 잘되지 않았다	잘되지 않았다	보통이었다	거의 잘되었다	많이 잘되었다

- 우울감, 무기력함, 자책 등의 부정적인 감정

늘 느꼈다	거의 느꼈다	보통이었다	가끔 느꼈다	느끼지 않았다

∘ 식이문제가 일상생활를 방해하는 정도

늘 방해가 된다	거의 방해가 된다	보통이었다	가끔 방해가 된다	방해되지 않는다

좋아지는 사람들의
공통점

임상경험으로 봤을 때 좋아지는 사람들에게는 몇 가지 공통점이 있습니다.

첫째, 사랑하는 사람의 지지(가족, 배우자, 연인 등)

둘째, 좋아지고 싶은 동기가 명확함

셋째, 치료를 포기하지 않는 끈기와 인내심

폭식과 구토를 하루에 여섯 번 이상씩 하던 청소년 내담자가 있었습니다. 어느 날부터인가 횟수가 줄어들더니, 연속적으로 아예 안 하는 날도 생기기 시작했습니다. 아직 어린 학생이라 자신의 내면에 생긴 변화를 잘 설명하지 못할 때가 있어 어머니를 통해 좋아진 이유를 들었습니다.

많은 내담자가 엄마와 딸의 관계에서 불편함을 호소합니다. 엄마 자신이 가지고 있는 해결되지 않은 문제로 인한 상처 또는 부정적인 감정을 자녀에게 투사하기 때문입니다.

내담자의 어머니 역시 마찬가지였습니다. 그동안 딸을 사랑으로 대하지 못했었지요. 그런데 이제 딸이 너무나 사랑스럽게 느껴진다고 말했습니다.

그리고 그 사랑이 딸에게 그대로 전달되어 폭식증 증상을 완화하는 데 도움을 준 것이지요.

폭식증 집단치료를 할 때면 늘 이런 의문이 생깁니다. '왜 이렇게 마음의 병이 깊은 사람들이 여태껏 상담치료를 받으러 오지 않았을까?' 특히 증상이 매우 심한 사람을 볼수록 이런 의문이 듭니다. 심각한 상황일 경우 기본 치료기간인 8주 만에 좋아질 수 있을지 걱정이 앞섭니다. 하지만 신기하게도 6주 정도부터 증상이 완화되는 모습이 보입니다.

가족의 상황이나 환경은 달랐지만 그런 사람들에게는 세 가지 공통점이 있었습니다. 바로 '꼭 나아지고 싶다'는 확고한 동기와 어떠한 일이 있어도 치료를 포기하지 않는 인내심입니다. 그리고 서로에게 지지자의 역할을 해주며 끊임없는 지지와 격려를 주고받았습니다.

타인의 지지, 낫고자 하는 마음, 포기하지 않는 끈기와 인내심. 그 순서는 바뀔 수 있지만 좋아지는 분들은 바로 이 세 가지를 갖추고 있습니다.

앞선 내담자의 사례처럼 어머니의 사랑과 지지에 힘을 얻어 내가 마르지 않아도, 다이어트에 몰입하지 않아도 '사랑받는 사람'이라는 것을 조금씩 믿기 시작하면 치료의 동기인 '낫고자 하는 마음'을 찾을 수 있습니다. 지지자는 꼭 부모가 아니어도 괜찮습니다. 어떠한 사심 없이, 순수하게 나를 사랑해주고 격려해주는 단 한 사람이면 충분합니다. 그 사람은 치료가나 집단치료의 일원일 수도 있습니다. 지지가 밑거름이 되어야만 폭식증을 버렸을 때 내가 느끼게 될 모든 두려움을 이겨내고, 좋아졌을 때의 나의 모습을 그려보고 상상할 수 있게 됩니다.

- 나의 삶 속에 지지자는 누구인가요?
- 내가 꼭 좋아져야 하는 분명한 동기가 있나요?
- 좋아질 것이라는 확고한 믿음을 갖고 끊임없이 노력하는 부분이 있나요?

당신이 당신 자신을
다시 사랑하길 바랍니다.

'정말 폭식증이 고쳐질까?'

'상담실 안에서 도대체 무슨 얘기가 오고 갈까?'

만약 제가 폭식증 환자라면 이런 것들이 굉장히 궁금하지 않을까 싶습니다. 특히 성인 내담자는 초기에 당사자보다 부모가 굉장히 불안해하는 경우가 많습니다. 치료가 잘되고 있는 것인지, 치료를 진행한 지 한참이 지났는데 왜 우리 아이는 여전히 우울해하고 부모에게 마음의 문을 닫고 있는 것인지 초조해하지요. 빨리 좋아지지 않는 자녀의 상태를 보며 때로는 치료자를 원망하기도 합니다. 아마 내담자 스스로도 이러한 불안감을 가지고 있겠지요. 이러한 고민에 공감하며 책을 쓸 때 독자가 실제 자신이 상담을 받고 있는 것처럼 느끼도록 쓰려고 노력했습니다.

그러면서 문득 ○○씨가 떠올랐습니다. 그녀는 제가 식이장애 클리닉 '마음과 마음'에 온 지 몇 달 되지 않았을 때 만난 환자입니다. 식이장애를 조금씩 알아가는 중이었던 저는 초보 상담자라는 것을 들키지 않기 위해 더 정신을 바짝 차리고 그녀의 말을 따라가려고 애썼지요. 그런 저에게 그녀는 매번 어쩜 그렇게 자신의 마음을 잘 아냐며 자신을 잘 이해해주고 공감해주어 고맙다는 말을 아끼지 않았습니다. 그녀의 칭찬에 저는 잘하고 있다고 착각하며 상담을 진행했었지요. 그렇게 1년 가까이 클리닉에 잘 나오던 그녀는 어느 날 갑자기 연락을 뚝 끊어버렸습니다.

당시 저는 제가 어떤 실수를 했는지 알지 못합니다. 문자와 전화를 해보았지만 그녀는 절대로 연락을 받지 않았지요. 나중에서야 제가 그녀의 증상 그 자체만을 없애는 데 초점을 두었다는 것을 알게 되었습니다. 큰 실수였지요. '어떻게 하면 폭식과 술을 줄일 수 있을까?' '어떻게 하면 구토를 하지 않는 쪽으로 갈 수 있지?' 저는 이 부분에만 초점을 맞춰 그녀를 만나왔던 것입니다.

물론 그녀의 마음 이면을 공감해준다고 했지만 그녀가 마른 몸을 붙잡을 수밖에 없었던 마음 깊은 곳의 상처, 그녀 자신에 대한 수치심과 깊은 외로움에는 공감해주지 못했던 것입니다. 정상적으로 먹고 싶어도 그럴 수가 없는데, 자꾸 해보자고 하니 치료자인 저에게조차 그녀는 수치심을 느꼈을 것입니다.

어쩌면 폭식증을 앓고 있는 대부분의 사람과 그들의 가족도 저와 같은 실수를 하며 서로에게 더 큰 상처를 남기고 있을지 모릅니다. 식이장애는 참 어렵고 복잡하기 때문입니다. 결코 간단하지 않습니다.

함께 일하는 김준기 원장이 늘 하던 말이 생각났습니다.

"박 선생, 우리는 늘 겸손해야 해. 식이장애는 트라우마의 용광로니까. 식사행동을 안정시키는 것도 중요하지만 그게 다가 아니야. 그 이면에 환자가 정말 힘들어하는 깊은 수치심을 다뤄줘야 해. 그런데 그게 참 너무 어렵지. 그래서 우리는 계속 환자를 통해 배우고, 또 끊임없이 공부해야 하는 거라고.”

그녀가 지금 다시 온다면 저는 절식, 폭식, 구토, 술의 문제를 더 고치라고 얘기하지 않을 것입니다. 부모에게 제대로 된 사랑과 돌봄을 받지 못해 좌절됐던 그녀의 외로움 그리고 스스로를 가치 없고 쓸모없다고 생각하며 저체중을 유지하려 했던 그녀의 깊은 수치심과 조금 더 함께 있어 줄 것입니다.

오늘따라 그녀가 더 보고 싶습니다.

잘하는 것도 많고 똑똑했던 그녀,

유난히 눈물도 많고 정도 많았던 그녀,

힘든 순간에도 자신을 지키기 위해 너무도 애썼던 그녀,

자신이 얼마나 사랑스러운지 전혀 알지 못했던 그녀.

그때 그녀에게 건네지 못했던 말을 마지막으로 남기며 이 책이 수많은 ‘그녀’에게 위로와 힘이 되길 간절히 바라고 바라봅니다.

○○○님, 보고 싶네요. 반갑게 웃으며 상담실로 들어오던 그 미소가 아직도 기억납니다.

누가 그 상황에서 ○○씨처럼 의연하고 침착하게 대처할 수 있었을까요?

어떻게 포기하지 않고 모든 학업을 끝마칠 수 있었을까요?

○○씨가 얼마나 눈부신 사람인지, 얼마나 아름다운 사람인지 정말 말해

주고 싶었어요. 그리고 사실 저 역시 다르지 않다고, 누가 알까 싶어 끝내 감추고 있는 과거의 못난 행동들, 마음의 상처를 저 역시 고스란히 안고 살아가는 연약한 사람이라고 말하고 싶었습니다. 다만 그 상처를 치유하기 위해 먼저 노력했을 뿐이라고요. 인간은 모두 다 그렇게 연약합니다. 그렇기에 서로의 아픔을 감싸주고 사랑해야 합니다. 당신이 당신 자신을 다시 사랑하길 바랍니다.

내 몸을 사랑하게 되는 날

1판 1쇄 발행 2017년 10월 19일 **1판 4쇄 발행** 2023년 1월 20일

지은이 박지현·김준기
발행처 (주)수오서재 **발행인** 황은희, 장건태
책임편집 최민화 **편집** 마선영, 박세연
마케팅 황혜란, 안혜인 **디자인** 행복한물고기 **제작** 제이오
주소 경기도 파주시 돌곶이길 170-2(10883)
등록 2018년 10월 4일(제406-2018-000114호)
전화 031)955-9790 **팩스** 031)946-9796 **전자우편** info@suobooks.com
홈페이지 www.suobooks.com
ISBN 979-11-87498-16-2 03180 책값은 뒤표지에 있습니다.

이 도서의 국립중앙도서관 출판시도서목록(CIP)은 서지정보유통지원시스템 홈페이지(http://seoji.nl.go.kr)와
국가자료공동목록시스템(http://www.nl.go.kr/kolisnet)에서 이용하실 수 있습니다. (CIP제어번호 : CIP2017025421)

도서출판 수오서재守吾書齋는 내 마음의 중심을 지키는 책을 펴냅니다.